北尾吉孝の経営問答！

廣済堂出版

まえがき

本書は、企業創業者達二二人との対談集である。彼等は様々な業界で現在企業トップとして活躍されている。彼等にどの様な物の見方・考え方を持ち、どの様に生きてこられたか、換言すれば彼等の人間性や人生観、起業の思いと志、そしてどの様なマーケットで如何なる商品やサービスをどの様に提供し、利益を上げられているのか等々を限られた短い時間内で率直に話してもらった。

これら二二社の中には、すでに株式公開し、公開企業としての栄冠を勝ち取られた者もあるし、これから株式公開を目指されている者もある。いずれにせよ、旨く株式公開を果たしたところで、それが終着駅ではない。日本の現状では創業から一〇年生き残った会社は、一〇〇社に六〜七社しかない。創業二〇年では、たった一〇〇〇社に二〜三社しか残っていない。これらの数字は一面では、起業自体はそんなに難しいことでないということを表している。他面、如何に生き残れる企業が少ないかを如実に物語っている。

小生が対談した企業の八～九割は創業一〇年以上生き残れると思っている。何故なら、小生の考える以下の生き残りの条件を満たしているからだ。

生き残りの条件とは、

第一に経営者の器である。換言すれば、どのような人間としての徳性と才能を有しているかである。人間的魅力がなければ、賢才を得て同志とすることは困難である。言う迄もなく事業は経営者一人でなく、多くの人々の努力の結果として発展するものである。

第二は、その事業が時流に乗って行けるかどうかである。現在時流に乗っていても一〇年先にも乗り続けられているかは疑問である。やはり各社のビジネス環境は変化が常態であるから、会社自体もその変化に即応して変化して行かねばならない。正に、生物的進化における適者生存である。

第三は、第二の事とも関連しているが、現在起きている日本という国自体の変化は、各社の事業を取り巻く環境変化に甚大な影響を与えるものとなろう。そうした変化を予知する為には、広い視野を持たねばならない。日本という国はこれまでの社会・経済システムが通用しなくなり、新たなるシステムに移行する過渡期に入っている。新しいシステムでは、これまで以上に海外、特にアジアの国々の動向に目を向けなければならない。本書に登場する多くの経営者は以上の三点に付き十分な認識と覚悟を持ち、懸命に生き残りと更なる企業成長を目指し努力しておられる。

本書は、所謂「起業のＨＯＷ－ＴＯ物」とは一線を画している。そこには二二人もの企業創業者の貴重な体験と思索の歴史が鏤《ちりば》められている。是非起業を志す諸君には一読をお奨めしたい。

最後に、本書の企画と編集の任に当たられた株式会社経営塾の関 慎夫氏に感謝申し上げる。

平成二四年二月

北尾吉孝

目次

北尾さんに教わった
「徳を磨け」「直観力を磨け」
佐藤輝英　ネットプライスドットコム社長……9

医療情報の電子化で
医療費「圧縮」、待ち時間「短縮」
江連毅　メディカル・データ・コミュニケーションズ社長……21

〝1週間全番組録画〟で
テレビを変える「スパイダー」
有吉昌康　PTP社長……33

目標は国内シェア20％！
ブライダル業界の風雲児
岩本博　エスクリ社長……45

民主党も採用したネット広告の秘密兵器 藤枝 勲 ネットワークス・プラス社長 …… 57
世界の医者をネットで結び「MRI難民」を救済する 佐藤 俊彦 ドクターネット社長(現AI－M JAPAN社長) … 69
上場取り止めが縁で結んだ「師弟の契り」 近藤 太香巳 ネクシィーズ社長 …… 81
九州発の小売りチェーンが起こす「アジアの流通革命」 永田 久男 トライアルカンパニー社長 …… 93
20代で17億円の借金抱えても「起業ほど楽しいものはなし」 真田 哲弥 KLab社長 …… 105
フィリピン人による介護支援 元リクルートの「人材開国」 宮下 幸治 アイ・ピー・エス社長 …… 117

20代女性社長が開発した「落ちないピアス」 菊永 英里 クリスメラ社長……129
中国人起業家が見た〝不思議の国ニッポン〟 楊 鳴一 上海聯都実業社長……141
医者から起業家に転じた「慶應建学精神」の体現者 窪田 良 ACUCELA会長兼社長……153
夫婦二人三脚で開発したビジネス用の検索エンジン 屋代 浩子 フォルシア社長……165
CO_2削減、エネルギー自給も「ミドリムシ」にお任せあれ 出雲 充 ユーグレナ社長……177
看護師派遣で医療費革命〝医療ビジネス〟の風雲児 滝口 進 スーパーナース会長……189

女性社長のネットワークで「日本社会を元気にする」　横田響子　コラボラボ社長……201
アンドロイド搭載ロボットをグーグル創業者に売り込め！　木島貴志　ナノコネクト社長……213
シニア世代の戦力化が日本経済を活性化する　慶長久和　日本シニア総合研究所社長……225
スシローを回転寿司首位に押し上げた〝PR〟の底力　西江肇司　ベクトル社長……237
3歳児の母親が運営する働く親の応援通販サイト　唐松奈津子　スパルタデザイン社長……249
5年で中国200店を目指す？靴修理のミスターミニット　中西勉　ミニット・アジア・パシフィック社長……261

この対談集は、月刊ＢＯＳＳ　２０１０年４月号から２０１２年３月号にかけて掲載された「北尾吉孝の経営問答！」に加筆修正したものです。また社名、肩書き、商品・サービス名などは、原則として掲載当時のものです。

北尾さんに教わった「徳を磨け」「直観力を磨け」

佐藤輝英

ネットプライスドットコム社長

2010年4月号掲載

さとう・てるひで　1975年生まれ、愛媛県出身。93年United World College of Adriatic（イタリア）卒業後、慶応大学総合政策学部卒業、ソフトバンク入社。サイバーキャッシュ（現SBIベリトランス）の立ち上げに参画し、Eコマースを手がける。2000年ネットプライス社長に就任。04年東証マザーズに上場。07年持ち株会社体制に移行し、ネットプライスドットコム社長に就任。

株式会社ネットプライスドットコム

1999年11月設立

事業内容　事業内容　Eコマース業を中心とした持ち株会社。購入者が多くなるほど販売価格が下がる「ギャザリング」を日本で初めて導入した。傘下にギャザリングを行う株式会社ネットプライス、ブランド中古品の買取販売を行う株式会社デファクトスタンダード、グローバルショッピングの株式会社ショップエアラインなどがある。

2004年7月、東証マザーズに上場。

http://netprice.com//

「辞める予感はしていた」

佐藤　今日もまた、教えを乞いに来ました。

北尾　何を言ってるんだか。出藍の誉れで、私を抜いていますよ。

佐藤　とんでもない。

北尾　初めて会った頃のことも覚えていますよ。確か一九九七年だったね。ソフトバンクがアメリカ企業とジョイントベンチャーで「サイバーキャッシュ」を立ち上げる時に学生アルバイトとして入って、大学を卒業しても残ってくれないかなと思っていたら、そのままいてくれることになった。で、辞めたのが一九九九年。非常に優秀だし、知的にも精神的にもタフネスを備えている。自ら起業したいという意思もあったようだから、どこかで辞めるだろうなという予感はありましたね。だから、辞めたいと言ってきた時には、君はどこに行っても成功すると言ったよね。

佐藤　ええ、そう言っていただきました。それにしても、北尾さんが昔のことをそんなに細かく覚えてくださっていることに驚いています。僕は学生時代からインターネットに興味があって、サイバーキャッシュというアメリカの会社を知った時、ぜひやってみたいと思ったんです。そこでアメリカに連絡を取ったら、北尾さんに会いに行けと言う。お会いしたところ、その迫力に圧倒されました（笑）。でも、二一歳の若造の、こんなことをやりたいという話を真剣に聞いてくれて、そのうえで「やってみろ」と、アルバイトで採用することを即断していただいた。気概を持っていれば若くても受け入れていただけるという、懐の広さと深さを感じました。

それは入ってからも一緒で、実はあまり怒られた記憶もありません。北尾さんにお目にかかれるのは、月に一、二回の報告会ぐらいのもの。しかも上司と一緒だから私が報告するわけではありません。それでも北尾さんは、「佐藤、どう思うんや」と、末席の僕に聞いてくる。僕は失うものはないですから「ここはこうだと思いますけど、ここは難しいかもしれません」と言うと、それを踏まえて「ここはもっとこうやれ」と指示を出される。報告者の年齢とか経歴は関係なく、本質的な部分を汲み取っていただいていました。

北尾　いちばんお客さんに直接会っていたのは佐藤君だから、その生の反応を僕は知りたかった。お客さんが何と言ってるか、現状がどうなっているか、率直に言ってくれるのが一番ありがたい。

それに佐藤君は学生時代からインターネットの可能性をつかみ、インターネットの世界に入り込んでいる。ところが、私も含め先輩は年の差があるからその世界に入り込めない。インターネットにおいて若者の感性は、非常に大切です。だからこそ、「佐藤どうや」と聞いたんですよ。

佐藤君が傑出していたというのは、ソフトバンクを辞めた後、ネットプライスを立ち上げ、「ギャザリング」という日本で初めてのビジネスモデルをつくって、二〇〇四年に株式公開を果たしたことても実証されています。

佐藤　一九九九年にソフトバンクを辞める時は、決めたらすぐにお伝えすべきだと思って、最初に北尾さんに話をしました。その時は「一回考えてこい」と。二週間たって、「やっぱり辞めます。インターネットの波がまさに来ているなかで、自分の足でチャレンジしたい」と言ったら了承していただけました。同時にアドバイスもしていただきました。

一つは、「徳を磨け」と。「君は才はあると思う。だけど徳をもっと磨かないと本物になれない」と言われたことは、いまでも強く自分の中に残っています。

二つめのアドバイスは、正直、その当時は理解できなかったんですが、「直観力を磨け」ということ。実際、起業してビジネスを始めると、日々判断です。特に立ち上げの時は、一歩判断を間違うと会社が沈んでしまうというぎりぎりの判断をしていかざるを得なかった。そういう経験を積み重ねて、最近ようやく直観力を磨けという言葉の意味がなんとなく咀嚼できはじめているかなと感じています。

教えられた「王道を行け」

北尾　育っていくのを見るのはうれしかったですね。ご縁があって、一緒に仕事をした人が巣立っていく。巣立ったまま帰ってこない人もいるけれど、佐藤君は辞めてからも、「北尾さん、こんな調子です」と報告してくれて、問題があったら「どう思いますか」と聞いてくる。これは先達としてはすごくうれしい。

佐藤　ソフトバンクにいる時より、起業してからのほうが北尾さんにご相談することが多くなりましたね。こんな事業をつくっていて、こういう問題がある、という相談を年に数回させていただいています。すると北尾さんが経営者としての戦略の立て方、気持ちの持ち方、それからやるべきこととやってはならないことを教えてくださる。でもそれを端的に言えば、お天道様が見ている中で、正しくやれ、王道を行けということです。

起業したのはインターネットバブルが弾ける直前でしたから、トリッキーな提案がいろいろ持ち込まれました。その時、北尾さんからいただいた言葉が判断の指標になった。北尾さんなら、どう判断されるかというのを勝手にイメージして、正しい道をいくべきだと。

北尾　インターネットの世界というのは日進月歩だから、チャレンジをいとわない人間にはもってこいですからね。そういう時に生まれ、そういう時にいまの若さで社長として、ＣＥＯとしてやれるということは、僕からすればうらやましい。僕が野村証券を辞めたのは四五歳の時ですから。このチャンスを思い切り活かして、日本を代表する企業になってほしい。佐藤君ならできると思う。

先ほど、「徳」の話をしていたけれど、会社の成長はトップの度量というか器量で決まります。

しかしトップ一人では何もできない。賛同する同志が集まって初めて一大事業をなすことができる。そのためにも徳を磨くということが大事。そうすると人徳を慕って自然と同志が集まってくる。三国志でいえば劉備玄徳の周りに関羽、張飛、諸葛孔明が集まったのと同じこと。それが、これからの佐藤君の飛躍に関わる大事な要素だと思いますね。

佐藤　会社を立ち上げて一〇年、その間、しまった！と思うこともありました。厳しかった時、北尾さんに「事業と屏風は広げすぎると倒れるんだ」と言われたことは本当に身に染みました。挑戦には必ず壁があります。その壁を越えていく過程で迷い、そして仲間のありがたさに気づいたりする。それは実践しないと得られない領域なんでしょうね。

最近は、日々一生懸命上を目指すことで、徳を磨く感覚がつかめてくればうれしいと思っていますし、そのためには、お客様に喜んでいただき、社会に喜んでいただくという正の循環、ｗｉｎ‐ｗｉｎの関係をどうつくっていくかを強く意識して経営しています。

この一〇年の間に、一時的に伸びた会社もありますが、あまり王道でない道で稼いでいた企業は結果的になくなったり社長が代わったりしています。ですから一〇年ぐらいのスパンで見て初めて、「正しく歩め」というのはそういうことなんだということがわかってくる。その実感がちょっとずつ蓄積されてきたと感じています。

北尾　以前、佐藤君が教えてくれたけど、起業からこの一〇年生き残った会社は六％にすぎない。

実はＳＢＩグループもちょうど一〇年です。しかもこの一〇年は激動の一〇年だった。ＩＴ業界はこの一〇年ずっと成長してきたけれど、業界によってはＢＲＩＣｓやＶＩＳＴＡの台頭で打撃を受けたところもある。

佐藤　しかもこれから先一〇年はもっと変化します。おそらくこの一〇年を振り返る暇もないほどだと思います。実は昨日、中国から帰ってきたんですが、少し前までは、アメリカや日本の進んだものを持っていくというタイムマシン経営が通用したけど、いまや中国は世界中を研究した上で、ベストなものをいまのテクノロジーでつくるようになっています。我々が世界に出て行くためにも、一刻も早く足場を固めていく必要があることを実感して、必死な思いで帰ってきたところです。

成功体験をどう捨てるか

北尾　いろいろな経営判断をしていく中で、特にＣＥＯがやらなければいけないのは将来を見据えた戦略を構築することです。ただ、それがいちばん難しい。そして、そういうことを考えずに、目先のことばかり考えている人が多い。だけど常にそこを考えないといけない。

蒸気機関車が誕生した時に、すぐに幌馬車はダメになると思った人と思わなかった人がいた。幌馬車には長い歴史があるし、鉄道なんてたかが知れている。目的地まで、幌馬車のほうが早く着くと言う人までいた。だけど現実には、あっという間に変わった。これから先を考えると、電気自動車もそうだと思いますよ。ガソリンエンジンの時代はガラッと変わる。トヨタが自動車メーカーでなくなるかもしれない。そのぐらい大きな変化が起きる時代に来ている。それに対応していくには、成功体験を捨てること。だけどそれが難しい。いまを否定しないといけないからね。

佐藤　僕たちは、まだ事業がそんなに大きくないし、たいしたものもつくっていません。だからある意味で守るものもないし、変わるのは必然であるというスタンスです。ですから物事に固執しない。執着はしますけど、これはちょっと違うと思ったらすぐに変えるようにしてますね。

例えば、僕らのやっているギャザリングというビジネスでは、最初、在庫を持たないモデルでスタートしています。ところが途中から、在庫を持ったほうがお客さまのためになると思って、在庫を持つようにした。ところがうまくいかなくて、再び在庫を持たないように修正しています。だけど今後、お客様のメリットを高められるのであれば、再び在庫を持つ判断もあると思います。しかも前回とは違うやり方で在庫を持つ。これは前言撤回ではありません。

我々をとりまく状況が変わってきているからです。流通業において、インターネット販売というのは、少し前まで補完的役割でした。ところがここに来て、いよいよメインになりつつあります。ですからメーカーさんを含め、ものすごくインターネットに対する意識が高まっている。これは絶好の機会です。変化の半歩先にいくために、過去に決めたルールも時代にそぐわなければやめる。

そういうふうに考えています。

固執しないけれど執着する

北尾　それが大事なところです。いちばんいけないのは固執すること。ダメなものはダメですよ。その見極めをどこでつけるか。早く見極めをつけるほど痛手は少ない。たとえばジョイントベンチャーを立ち上げても、どうしてもケミカルが合わない時もある。それをだらだら続けていると、出資したお互いの会社にとってよくない。だったらむしろスパッと別れるほうがいい。

とらわれることなく、現状を素直に見て、何をしたいのか自分自身に問うてみる。そして素直な気持ちでそれに答える。その出てきた答えを尊重するしかないと僕は思う。

よく、失敗するのは成功するまで続けないからだと言うでしょう。僕はそうは思わない。いろんな事業が可能性としてたくさんある時に、これをとことんやると決め、二年たっても三年たってもうまくいかなかったとすれば、これはものすごい機会ロスです。違うことをやっていればものすごく早く成功するかもしれない。だから、成功するまで続けるという言葉は、美しく聞こえるけど間違いです。

松下幸之助のようにいろんなものに手を出す余裕があればいい。だけどベンチャー企業で苦しい中でやっていこうという時に一番重視すべきなのは成功の確度です。その確度を分析できなかったら、ダメなんです。いけるなと思っても、現状と乖離していると思ったらすぐにやめる。それで別の可能性を探していくほうがよほど成功の確度が高いはずです。同時に、ビジネスチャンスを自分で限定しない。これしかできないと思わずに、いろんな可能性を探してみる。探してみれば、ビジネスチャンスなんていっぱいあるんです。

そうした考えの根底にあるのは、人間、いつまで生きるかわからないということ。生きている間に、生きてきた証を残さなければいけないとしたら、いちばん成功する確度の高い道を選ばなければならない。そしてそこに全力投球する。それでも間違えていたらやめればいいんです。

佐藤 固執はいけないけれど、一方で執着しないとこれもまた成功しないんですよね。九九%の努力ではだめでも一〇〇%努力すれば成功するかもしれない。北尾さんのところで仕事していた頃、たまに「何が何でもやれ！」と言われることがありました。その時、僕は自分なりに解釈して、北尾さんがそう言うなら、とことんやったらうまくいくんだな、これは執着しようと考えました。そして一〇〇%、一二〇%、一二〇〇%の努力をする。すると確かに突き抜けることができるんですね。その固執と執着のバランスが、事業には大事だと僕は思います。

北尾 やはり出藍の誉れです（笑）。これからも、器を磨き続けてほしいですね。そして器を磨くというのは、いつまでたっても尽きることない努力だということです。だから磨き続けなければばいけない。
もう一つ言えば、いろんなご縁を大切にするというのは大事なことです。関係が終わると音信不通になり縁が切れてしまうというケースはたくさんあります。だけど、柳生家の家訓にこういうのがある。「小才は縁にあって縁に気づかず。中才は縁にあって縁を活かさず。大才は袖振り合う縁をもこれを生かす」。ご縁を大事にして、そのご縁をどんどん活かしていく。自分の世界を大きくしながら自分の器を磨いていけば、優秀な人が集まってきている。そしてそれが徳業であるかぎり事業は発展していくものです。佐藤君は頭もいいしガッツ、人格みんな揃っているから、あとはいま言ったことに尽きますよ。

佐藤　死ぬまで成長していきたいし、それを継続しつつ、社会に貢献し、世界に貢献できるような企業にすることが北尾さんへの恩返しであるとも思っています。休むことなく、修業を続けて、でも楽しくインターネットを使いながら新しい物をつくっていきたいですね。

医療情報の電子化で医療費「圧縮」、待ち時間「短縮」

江連　毅

メディカル・データ・コミュニケーションズ社長

2010年5月号掲載

えづれ・たけし　1959年生まれ、兵庫県出身。82年一橋大学経済学部を卒業後、住友銀行（現三井住友銀行）入行。外国為替や債券運用業務等に従事した後、99年大和住銀投信投資顧問での資産運用業務に携わる。2001年三井住友銀行に戻り、プライベートバンキング業務に参画。05年11月よりMDC社長となり、医療分野での新たな情報サービスを開発・提供している。

株式会社メディカル・データ・コミュニケーションズ

2001年12月設立

事業内容　ネットワークを活用した診療報酬明細書（レセプト）のオンライン配信サービス「レセネットサービス」を展開。オンラインで保険者（健康保険組合）と薬局を結び、調剤報酬の直接請求・審査支払を支援している。

http://www.mdcom.jp/

2人は似たもの同士

北尾　江連さんは五年前、四五歳の時に三井住友銀行を辞めてＭＤＣに転じています。実は私が野村証券を辞めてソフトバンクに入ったのも四四歳の時でした。年齢といい、エスタブリッシュメントな企業からベンチャー企業へ転進という意味でもよく似た境遇です。

江連　転職するに際しては逡巡しましたよ。ただ、銀行時代の最後、私はプライベートバンキング業務に参画していました。その対象は成長企業のオーナーです。ですから多くのベンチャー経営者にお目にかかりましたし、彼らの苦労も、そして成功した場合どれだけ急カーブで成長していくのかもつぶさに見てきました。その経験があったから、飛び込んでやろうという気になったのでしょうね。

北尾　江連さんや私のようなケースがどんどん増えればいいと思うのですが、残念ながら、成功する人というのは意外と少ない。というのも、ベンチャー企業というのは何から何まで自分でやらなければなりません。大企業にいると、年を経るにしたがって、細かいことは部下がやってくれる。しかし、その意識のままではベンチャー企業はむずかしい。その意識を切り替えないといけませんね。

江連　すべてを自分でやるという経験は大企業ではないですからね。ですから私も最初はキョトンとしましたよ。銀行時代ならば、自分が何かいえば材料や情報は誰かが用意してくれる。私はそれを見て、指示を出せばよかった。ところがここでは、自分で情報を集め、お客さんの感触をつかんで意思決定しなければならない。しかも大企業では仕事は分担していたけれど、ここでは全部やらなければならない。時には総務課長、時には企画課長、時には人事課長、そしてある時は社長です。だから会社のことはすべて知っていないといけない。

北尾　その一方で、大企業出身ならではのいいこともある。創業者というのは、自分で一からつくってきたものだから、人に使われたことがない。そのため、人の使い方もうまくない場合がある。それがベンチャー企業の抱える大きな問題点の一つです。ところが我々のように大企業で二〇年以上働いていると、下から上と役職が上がっていくその過程を経ているので、人の使い方を学ぶことができる。それをベンチャー企業に移植することが我々の役割の一つです。つまり、大企業時代の意識は変えながら、大企業で学んだものを新しい組織で活かしていく。

江連　そこをうまく融合できるか、なんでしょうね。

北尾　大企業からの転職組が成功しないもう一つの理由に、選んだ会社の業態がよくない場合があります。前回の対談でネットプライスの佐藤（輝英）社長が言っていたけれど、起業から一〇年たって生き残っている会社はわずか六％にすぎない。そして途中で倒れた会社のほとんどが、業態がよくないためです。つまり元々成長性に乏しかった。だから転職するには、成長性があるのか、きちんと見極めなければならないのに、それができないことが多い。その点、医療分野のＩＴ化を進めるＭＤＣは業態がものすごくいい。医療ほどＩＴ化が遅れている分野はありません。逆の見方をすれば、それだけ可能性が高いということです。

江連　確かに遅れ方は驚くほどです。私がかつていた銀行でも、他の業界に比べるとＩＴ化はずいぶんと遅れていました。ところが医療の世界は、その銀行でさえ問題にならないほど遅れていますからね。

北尾　私がこれまでビジネスを続けてこれたのは、金融ビッグバンとＩＴのおかげです。金融ビッグバンと同時にインターネットの世界が本格化してきた。それと同じように医療の世界にもビッグバンが訪れつつある。それとＩＴを結びつければ、画期的に伸びるはずです。

病院で会計せずにすぐ帰宅

江連　ＭＤＣの事業は大きく分けて二つあります。一つは病院の診察券そのものに決済機能を持たせようというものです。病院、特に大学病院などの大病院を利用する患者さんにとって、誰もが不満に思っているのが待ち時間の長さです。

北尾　受付をすませてから診察を受けるのにものすごく待つ。それだけならまだしも、診察を終えてもすぐには帰れない。薬をもらうのに待ち、会計でまた待たされる。とにかく待つ待つ待つ。病院にいくのは半日仕事です。

江連　日本人はまじめだから、文句も言わずじっと待っている。だけど考えてみたら、おかしいですよね。そこで、せめて会計の待ち時間を少なくするために、診察券に決済機能を持たせたわけです。これを利用すれば、医療費を月に一度、まとめて後払いできる。このサービスを病院と提携しながら進めているところです。順次提携病院を増やしているところで、これまでに御茶の水の順天堂大学医学部付属順天堂医院や、狛江の東京慈恵会医科大学付属第三病院など、二〇を超える病院が導入しています。

導入した病院に共通しているのは、患者さんのことを第一に考えているということです。ほとんどの病院が、すでにクレジットカードの支払いや自動精算などのシステムは導入していますが、それでも待ち時間はゼロにならない。そこでわれわれのシステムを入れてサービスの選択肢を広げようというわけです。

北尾　このサービスが広がっていくのは間違いないでしょうね。患者は病人ですから、診察が終わったらすぐに帰って休みたいに決まってます。だから患者のことを第一に考える病院なら、これを導入しないわけがない。ところが残念ながら、病院の経営感覚というのは恐ろしく遅れているんですね。普通の会社だったら、「お客さまのために」というのが最優先される。ところが病院の場合、「患者さんのために」と言いながら、実際はそうでないところが非常に多い。だけど日本の医療はいま大きな曲がり角を迎えています。経営感覚を持たない病院はやっていけないようになる。ですから、このサービスが広まるのは時間の問題です。

コストと資源の無駄を削減

江連　もう一つの事業が、レセプト（診療報酬明細書）のオンラインによる「保険者」への直接請求です。保険診療を受けると、健康保険負担分をレセプトにして健康保険組合などの保険者に送ります。それをもらった保険者は、審査して支払うわけですが、作業が煩雑なため、支払基金が間に入り、代行しています。そのため、医療機関と支払基金、支払基金と保険者の間でそれぞれ膨大なレセプトが行きかっていました。

北尾　現在、発行されているレセプトは年間七億件でしたっけ。

江連　八億件になりますね。

北尾　その輸送・保管コストは膨大なものになるし、何よりも資源の無駄遣いです。このためにいったい何本の木が切られているか。これをＩＴ化すれば、それだけコストも資源も無駄がなくなります。

江連　そのとおりです。ですからまずは以前は紙だったレセプトを電子化する、そのうえで、その決済をオンラインでできるシステム「レセネット」を構築し、普及を目指しています。これを導入することで事務作業の軽減と、請求から支払いまでの時間の短縮が図れます。

データ共有化で新サービス

北尾　確か、レセプトのオンライン化は義務化されるはずでした。ところが医師会などの反対で、義務化が延期になってしまった。日本では新しいサービスをやろうとすると、必ず反対する抵抗勢力がいる。だけど反対する理由がよくわからない。

江連　レセプトをオンライン化すると、請求に対して審査が厳しくなり支払いが悪くなるという誤解があります。そうなると医療機関と保険者が対立する構図で描かれてしまう。だけどけっして対立するものではありません。支払い期間が短縮できるなどのメリットもあります。

北尾　医療費だって下がるわけでしょう。

江連　医療機関と保険者の間に入っている支払い基金が行っているレセプト審査の事務手数料は健康保険料から払われています。つまり医療費の一部です。ここを効率化できれば医療費が減る可能性があります。

北尾　日本の医療費は増え続けています。これをいかに減らしていくか、国として真面目に考えねばならない問題です。オンライン化によってその可能性が出てくるなら、ぜひともやるべきでしょうね。

江連 もう一つ、レセプトのオンライン化の大きなメリットに、先ほど言ったように情報の共有化があります。これまでは、医療機関は医療機関でデータを持っていて、一方、保険者は保険者でデータがあって、それをそれぞれ抱え込んでいた。

北尾 先進諸国の中で日本ほど医療に関する情報が少ない国はありません。たとえば、どの病院ではどの症例の手術を何回行っているか、それさえわからない。これでは患者は医者を選びようがない。あるいは、ジェネリック薬品がいったいどのくらい使われているのか、これもデータがオープンになっていないからわからない。しかしこうしたデータが公開されれば、そこからまた新しいサービスが始まる可能性がありますね。

江連 ＭＤＣ以外にも、医療分野のデータに関するサービスに取り組んでいるところはあります。しかし、いずれも医療機関だけ、あるいは保険者だけに特化したものです。ところがレセネットの場合、医療機関と保険者が直接つながります。つまり一気通貫で情報が行き交うわけですから、情報の量も密度も圧倒的に大きい。それを結びつけ、データを共有できれば、これまでにないサービスが提供できるかもしれません。いま我々は幹線道路を作っているようなものです。それが完成すれば、サービスエリアもインターチェンジもできる。そこで新しい付加価値を持ったサービスが始まるわけです。

北尾　そうなれば患者にとってもメリットは大きい。つまり、医療機関、健保組合、そして患者と、三者ともにメリットのある、三方みなよしのビジネスですね。

沸点到達まであとわずか

江連　社会的意義も非常に大きいと考えています。私が銀行に入ったのは三〇年近く前ですが、当時はまだ資金の偏在があり、個人は資金があるのに、法人には資金がなかった。それをつなぐのが銀行の役割で、その意義があるから就職先に銀行を選んだわけです。ところがいまや、法人が資金を潤沢に持つようになったため、従来の意義は失われてしまっています。そんな時、このビジネスの構想を、現在会長を務めている滝口進さんから聞き、「これは世のため人のためになる。やらなければならない」と思いました。だからこそ、ここに移ってきたわけです。

北尾　私は滝口さんのことは昔から知っているけれど、医師（消化器外科）なのに、非常に金融に詳しい。さらにものすごいアイデアマンで、医療の現場が何に困っているか、解決するにはＩＴをどう利用したらいいかをよく分かってらっしゃる。

私の場合、孫（正義・ソフトバンク社長）さんに出会って、ソフトバンク入りを決めたわけですが、江連さんの場合は、それが滝口さんになるわけですよね。

江連　おっしゃるとおりです。滝口さんの描いたビジネスモデルを元に、いかにして普及させるかです。まずは健保組合に加入してもらい、次に病院や調剤薬局などにも参加してもらおうと営業していますが、最初は苦戦の連続でした。これまで薬局はこういうサービスの営業を受けたことがない。来るのは製薬メーカーの人ばかりでしたから、理解をしていただくのに多少時間がかかりました。

でもここにきて手応えを感じています。日本には全部で五万軒の調剤薬局があり、そのうち五〇〇軒がすでに加入しています。これをできるだけ早く一〇%にしていきたい。一方、健保組合は全部で一五〇〇、加入者は全部で三〇〇〇万人ですが、大手の健保組合がレセネットに加入してくれたおかげで、すでに六%の方々が対象となっています。

北尾　私は若い頃、医者を志していたこともあって、医療についての関心はとても強いんです。またグループ内にＳＢＩバイオテックを持つなど、医療ビジネスにも興味がある。その私から見ても、ＭＤＣのビジネスの将来性は非常に強いと思います。恐らく、もう少ししたら沸点を迎えると見ています。アメリカを見ても韓国を見ても、レセプトのオンライン化は世界の常識です。日本は遅れているけれど、いつか必ず追いつく。しかも、一貫して情報を共有しようというのはここだけで、他社は真似できないのだから伸びないはずがない。

江連　ありがとうございます。期待にそえるよう頑張ります。五年後に、先見の明があったと言われるよう、努力していきます。

“1週間全番組録画”でテレビを変える「スパイダー」

有吉昌康

PTP社長

2010年7月号掲載

ありよし・まさやす　1966年生まれ。福岡県出身。90年一橋大学商学部を卒業、95年ノースウェスタン大学ケロッグ経営大学院卒業。90年野村総合研究所入社、企業戦略やマーケティング戦略を専門にコンサルティングを行う。同社を2000年に退職しパワー・トゥ・ザ・ピープル（現PTP）を創業、現在に至る。07年にスパイダーを発売した。

株式会社ＰＴＰ

2000 年 5 月設立

事業内容　地上波テレビ番組を 1 週間分録画・検索できる「SPIDER」を開発・販売。通常のレコーダーと違い、CM や番組の中のワンシーンまで検索できるのが最大の特長。現在は企業向けの販売だが、間もなく一般家庭用 SPIDER が発売される。

www.ptp.co.jp/

検索機能で差別化

北尾　ＰＴＰがつくっている「スパイダー」については、私は前から興味を持っていて、一度、ＰＴＰに出資しようと思ったこともあるんですよ。残念ながら出資はかなわなかったけれど、最近、テレビでスパイダーが紹介されるなど注目を集めているのを見るにつけ、これは伸びると考えた私の直感は正しかったと思いますね。

来年、完全移行する地デジによって、テレビは「見る」から「使う」へと大きく変わる。スパイダーはそれをさらに使いやすくし、便利さを提供する。だから今後ますます伸びていくように思います。

有吉　どうしてスパイダーをつくろうかと思ったかというと、テレビの次の五〇年をつくりたかった。テレビが誕生してから六〇年ほど経ちますが一九七一年にソニーが家庭用のビデオをつくりタイムシフトという概念を持ち込んだ。これによってテレビの楽しみ方が変わり、視聴者のライフスタイルまでも変えてしまった。ところがそれ以降、実はテレビはあまり進化していません。確かに画質はよくなり、ビデオテープがＤＶＤやブルーレイになり、いまではＨＤＤにも録画するようになっているけれど、生活との関わりという意味では、ビデオが出た当時のままです。それを変えたいと思ったんです。

スパイダーは、すべての地上波の番組を一週間すべて録画できます。ということは、あとから好きな番組を呼び出して観ることができるわけです。

北尾　私は出張が多いものだから、これはうれしい。大河ドラマの『龍馬伝』を楽しみにしているんですが、この前も家族に録画を頼んでいたのに録画し忘れていた。こういうことがけっこうあるんですよ。だけどスパイダーならそんな心配がない。

有吉　もう一つ、スパイダーの大きな特徴は検索機能です。たとえばSBIとキーワードを打ち込むと、この一週間、テレビでSBIがどのように取り扱われたかすぐに探すことができます。どの番組で、何時何分何秒から何秒間放送されたかすぐわかる。しかも即座に再生できるし、そのスピードもとても速い。

いまのスパイダーはB2Bの製品です。これまで約三五〇社に納入していますが、そのほとんどが広報部や社長室で利用されています。そこで自分たちの会社がテレビでどう報じられたか、あるいは業界動向がどう扱われているかをチェックする。つまり新聞や雑誌のクリッピングをテレビでもしようというわけです。

北尾　私がすごいと思うのは、それだけの機能を持っていながら、リモコンがとても単純にできている。最近のテレビやビデオのリモコンはボタンが多すぎてどうやって使ったらいいのかよくわからない。その点、スパイダーは簡単でハンディに使える。これは画期的なことですよ。

有吉　このリモコンを作るのだけで二年かかりました。五〇人のモニターに使ってもらったのですが、下は当時四歳だった私の子供で使えるかどうか。上は知り合いのお母様が八九歳。いろんな機能は使えなくても、毎朝の連ドラを、好きな時に観られるかどうかを検証して、いまの形になりました。

北尾　テレビを使いやすくするという意味では革新的なツールだと思いますね。

ところで、検索のためのデータ入力はすべて人手でやっているんですか。

有吉　これも二〇〇五年ぐらいから実験してきました。最初は音声認識とかテロップ認識とかも試してみました。でもそれではせいぜい六割くらいしか一致しない。やはり人が番組を観て入力するのがいちばん確実です。

北尾　これを使うと、どのテレビ局も同じような番組をつくって同じような内容を流しているかが、よくわかります。

有吉　視聴者の選択が、ほかのものに邪魔されずに明確に出るというのはあります。つまり、すべての番組が手元にあるので、観たいのに観れないということはなくなり、好きな番組を選べばいい。これは実はインターネット的です。インターネットの場合はすべてのコンテンツが横一線で、その中での競争です。テレビもネットと同じように便利になるということは、よりユーザーの立場に立つということだと思います。

北尾　すべての番組の中から視聴者が自分で選んでいく。テレビ局どうし、番組どうしの競争はますます熾烈になる。テレビ局も大変ですね。

有吉　でもテレビで問題なのは、視聴者がどんどん減ってしまうことです。代わりに便利なパソコンや携帯に向かってしまう。これではメディアとして元も子もない。だけどスパイダーを使うことで、新しいテレビの楽しさ、面白さを提供できるようになる。それによって、テレビを観る時間が長くなるとしたら、テレビ局だってうれしいはずです。

徹底したユーザー目線

北尾　地デジによって、テレビとインターネットは一体化していき、他のメディアと融合していきます。そこで新しいバリューがつくられる。同時に、多チャンネル化はますます進んでいくでしょう。スパイダーはこれにどう対応していきますか。

有吉　スパイダーを考えついたのは、一九九九年、アメリカで世界初のＨＤＤレコーダーを見た時です。そのＨＤＤの容量は一六《ギガ》にすぎなかった。いまスパイダーは二・五《テラ》のＨＤＤを積んでいます。将来的にはさらに容量が大きくなり、数十チャンネルでも録画できるはずです。

北尾　もう一つ、お聞きしたいのは、ＥＰＧ（電子番組表）とどう差別化するのか。すでにＥＰＧ

を利用して、自分の好きな俳優の出ているテレビを録画できるようになっている。ＥＰＧの場合は無料だし、今後検索機能もますます強化されていくでしょう。強力なライバルになりませんか。

有吉　ＥＰＧは基本的には事前情報なんですよ。ＳＢＩに関する番組が観たければ、事前にＳＢＩと入力しておかないとその番組は観ることができない。ところがスパイダーは事後情報です。番組が放映されたあとでも、ＳＢＩで検索すれば、それに関わる番組を呼び出せる。しかもきめ細やかさがまるで違う。ＥＰＧはいままでのテレビ文化で、新聞のテレビ欄の延長です。テレビ欄を管轄しているのはテレビ局の広報です。つまり送り手からの視点です。

われわれはそうではない。完全なユーザー目線です。利用者がどうやって検索したいのか、ユーザーの視点で考える。ですから番組表に載っていないキーワードで検索することもできる。スパイダーは特許に守られているわけでも技術的にものすごい飛躍があるわけでもない。では何によって差別化しているかというと、いま言ったようにユーザーの立場に立っているということ。これは目には見えにくいですが、実は大きな違いなんです。

北尾　これから先、どのように事業を展開していく予定ですか。

有吉　これまではＢ２Ｂ、しかもアナログ放送だけに対応してきました。サービス開始から三年過ぎて、これがようやく黒字になりました。来年四月には地デジ対応のスパイダーを発売します。現行スパイダーよりはるかに小さく、ハイビジョン画質。しかも操作スピードは「爆速」と呼ぶほど速くなる。七月の地デジ完全以降までの三ヵ月間で既存法人ユーザーのスパイダーをすべて入れ替え、そのあとにB2C版を出す予定です。

B2Cでは、日本の全五〇〇〇万世帯を対象に、できるだけ早く一〇〇万台を売りたいと考えています。スパイダーで新しいテレビの世界を、北海道から沖縄まで、おばあちゃんから小学生まで、一人でも多くの人に体験していただきたい。これによってテレビの面白さを十二分に楽しんでいただくことができますし、さらにはインターネットの入り口になることで、新たなマーケットが生まれます。

北尾　メディアとネットの融合と言い始めて久しいけれど、本格的な融合は地デジによってもたらされる。テレビの面白さもこれによって変わっていく。そのツールとして、スパイダーは非常に可能性があると思います。テレビの見方がまったく変わるかもしれないけれど、テレビ局にとっても、これを利用することで新しい番組づくりが可能になる。

有吉　正直言うとテレビ局にはまだ警戒されているところがあります。彼らはコンテンツホルダーです。我々としては、けっしてコンテンツをかすめとろうとしているわけではない、テレビが便利になることによってテレビは次の五〇年、再び繁栄すると訴えています。

北尾　録画した番組を観るわけだから、コマーシャルが見られなくなるおそれもあるので、警戒する気持ちもわからなくはない。だけど、インターネットと結びつくことで、ユーザーに合わせた、より効率的なコマーシャルを見せることもできるようになる。いままでのように不確定多数を対象にコマーシャルを流すのではなく、地域限定や年齢層限定で、ターゲットごとにコマーシャルを見せる。だからもし私が電通の経営者だったら、ＰＴＰに資本を入れますよ。そして一緒になって新しいコマーシャルの作り方や送り方を研究する。これからのコマーシャルを決める力があるかもしれませんからね。

有吉　すでにスパイダーを使っていただいている企業は、日本の広告主トップ三〇〇社といっていいと思っています。この三〇〇社と、一〇〇万世帯がつながることで、まったく新しいマーケティング手法が生まれる可能性もありますから。そのために我々がやらなければいけないのは、放送局と視聴者、広告主を結んでいくということ。その中のどこか一つだけを向くのではなく、皆にメリットをもたらすことが大事だと考えています。

北尾　アドバイスをするとしたら、何もかも自分でやるのではなく、アライアンスを組むということです。テレビ局、テレビメーカーなど、さまざまなところと組んでいく。しかも一つのところにこだわらず、できるだけ多くのところと手を結んだほうがいいでしょうね。もう一つ大事なのが価格戦略です。Ｂ２Ｃで一〇〇万台売ろうと思ったら、これが重要になる。そこをうまくクリアできれば、早急に一〇〇万台に乗りますよ。そして次の一〇〇万台はもっと早く到達します。

有吉　自分たちでハードをつくることにはこだわっていません。いずれはテレビやレコーダーのメーカーにスパイダーのエンジンを入れていただきたいと考えています。そして「インテル・インサイド」のように「スパイダー・インサイド」となればいいですね。

悪戦苦闘の10年間

北尾　私はこれまで、数多くの会社に投資してきたけれど、このビジネスは絶対うまくいくと確信を持って言えるのはそんなに多くない。スパイダーはその一つです。だけど有吉さんはもともと野村総合研究所にいらしたわけでしょう。よく思いつきましたね。

有吉　一九九〇年に入社したのですが、ちょうど野村総研と野村コンピュータシステムが合併した頃で、その一緒になった部署に配属になり、マーケティング戦略に携わりました。当時のキーワードは「ＩＴ×マネジメントテクノロジー」です。その経験がいまに結びついています。

北尾　私もソフトバンクに入らなかったら、ＩＴを金融にフルに生かそうと考えなかったかもしれない。

有吉　入社一〇年目の九九年のことです。仕事でアメリカに行き家電量販店に入ったら、そこに世界初のＨＤＤレコーダーがありました。容量は一六《ギガ》。そこでとっさに計算しました。総研に入った時、パソコンのＨＤＤは四〇《メガ》でした。それが一〇年で一六《ギガ》になった。このペースで大容量化していけば、あと数年後に一週間のテレビ番組がすべて録画できるようになる。そうなれば視聴者も便利だし、新しいマーケティングも可能になる。それに気がついて、ものすごく興奮しましたね。それで翌年、総研を辞めPTPを設立しました。

北尾　HDDを見て、ぱっとひらめくかどうか、そしてそれを何が何でも事業化していく執念。それが成功するかしないかの違いです。ただPTPは最初の頃、コンシューマーレポートを出していたでしょう。インターネット上で商品評価を行いランキングをつけていた。私どものSBIグループ傘下にも投資信託の評価を行うモーニングスターやウェブサイトの評価を行うゴメス・コンサルティングという会社があるので、これは面白いと思い、PTPを買収しようと考えたこともあるんですよ。

有吉　いちばん初めにつくった事業計画は、最初はネットで意見を集めてコミュニティによりコンシューマーレポートを出す。次にそれをテレビの口コミ情報が集まるコミュニティにする。そして最後に、その頃には各家庭に大容量のHDDが行き渡っていると考え、コンシューマー用テレビや録画機に対して情報提供をするサービスを手がける。つまり自分たちでハードをつくる気はなく情報提供を考えていました。ところが思ったようにはいきませんでした。

二期でお金がなくなって、夢はあるけれどテレビにまで行き着く展望が開けない。そこで二〇〇三年一二月に一週間合宿して、たたむか突き進むか、徹底的に議論したのですが、私は諦めきれなかった。そこで翌年正月から一ヵ月間、調べに調べたら、自分たちでハードをつくればできるはずだという結論になりました。そこで、当時なんとか黒字になっていたコンシューマーレポートをやめる決断をして、人も入れ替えてスパイダーの開発に賭けたのです。

北尾　よく大勝負をしましたね。

有吉　僕は好きでやっていたからいいけど、かみさんには足を向けて寝られません。野村総研の時と比べると三分の一ぐらいの月収になってしまいましたからね。

北尾　ＰＴＰはこの先、間違いなく株式公開できる規模にまで大きくなるでしょう。だけどそうなっても糟糠の妻は大事にしないといけませんよ。私はこれまでいろんな企業家を見てきましたが、株式公開でお金を手に入れることで変わった人も多いんです。だけどいつでも淡々と平常心で、貧乏のときも金持ちになっても変わらない人が、さらに大きなものをつかんでいくんです。

有吉　肝に銘じます（笑）。

目標は国内シェア20%！ ブライダル業界の風雲児

岩本　博

エスクリ社長

2010年8月号掲載

いわもと・ひろし　1965年神奈川県生まれ。早稲田大学政経学部を卒業し89年サントリー入社。91年にリクルートに転じる。94年にブライダル情報誌ゼクシィ創刊プロジェクトに参画。その後10年間ゼクシィの営業責任者を務め、「Mr.ゼクシィ」の異名をとった。2003年にリクルートを退社しエスクリを設立。エスクリは今年3月東証マザーズに上場を果たした。

株式会社エスクリ

2003年6月設立

事業内容　事業内容　挙式・披露宴の企画・運営を行うブライダル事業。レストラン、専門式場、ゲストハウス、ホテルと4つのタイプの結婚式場があり、あらゆるシチュエーションでのブライダルニーズに応えている。

2000年3月東証マザーズに上場

www.escrit.jp/

「ゼクシィ」が変えた結婚観

北尾　エスクリは、新しいタイプの結婚式をプロデュースしていますが、正直、むずかしいビジネスだと思っていました。というのも、少子化、晩婚化、そして非婚化が進んでいる。ですから、結婚関連ビジネスは一時、五兆円のマーケットと言われていたのに、それがいまは三兆円にまで縮まっている。その中で結婚式場のビジネスはだいたい一兆五〇〇〇億円というマーケットで、その中にホテルなどの古くからある結婚式場と、エスクリのような新興企業が攻めぎあっていて、環境は非常に厳しい。ところがエスクリは毎年業績を伸ばしているし、今年三月には東証マザーズに上場も果たしています。そこで今日は、その強さの秘密をお聞きしたいと思います。

岩本　おっしゃるとおり、いまブライダル業界は、旧態依然たる昔ながらのホテルさんや専門式場さんと、われわれのような新興企業との戦いになっています。エスクリが提供するのは、ゲストハウスやレストラン、専門式場、そしてホテルでのウエディングなのですが、従来のホテルのような豪華なハードがあるわけではありません。そこで、ハードにはこだわらない、顧客対応のウエディングを提供しています。

最近のカップルは、オリジナルのウエディング、つまり自分たちがやりたいことを一つ一つ叶えていく、オーダーメイド型のブライダルを望まれてますから、そういうカップルにきめ細かな提案をしていく。それがお客さまに支持されているのだと思います。そして、提案する側にとってもこれは面白いビジネスです。無から有をつくりだしているわけですから。

北尾　私が結婚した頃は、ホテルでの披露宴が当たり前でした。私は帝国ホテルで挙式しましたが、帝国、オークラ、ニューオータニが御三家として君臨していて、そこで挙げるのが一種の見栄、しかも本人よりも親の見栄というところがあった。

それが変わったのは、バブル経済崩壊が一つのきっかけだと思います。費用の面で親が子供の面倒をあまり見られなくなったため、子供は子供で自分のことを考えないといけない。そうすると、昔みたいに親の知り合いばかり呼ぶというのではなく、オリジナルな個性をアピールしたいと考えるようになってきた。しかもそのタイミングでリクルートが結婚情報誌ゼクシィを出した。これが大きく若者の結婚観を変えた。このゼクシィの立ち上げを、岩本さんはやったそうですね。

岩本　ええ立ち上げから一〇年間、ゼクシィでカップルの動向を見てきました。それがいまのエスクリの強みになっています。

ほとんどの人が、結婚式のビギナーです。初めてだから、どうやっていいかわからない。それで親に相談すると、すごく保守的になる。昔ながらの、仲人さんがいて、主賓の挨拶があってというスタイルの結婚式です。結婚式はこうでなければいけないと、多くのカップルが思っていました。

そこにゼクシィが出て、結婚式にはこういうやりかたもありますよ、ガーデンパーティを開いて風船を飛ばすなど、外国の映画のワンシーンのような結婚式も面白いですよ、と提案したところ、多くのカップルが受け入れたのです。

北尾 私はこれまで何度か仲人をやってきたけれど、最近では仲人を立てないウェディングのほうが多くなってきましたね。

岩本 私どものところで挙式されるカップルの場合、ほとんどゼロですね。これも親御さんの価値観の変化です。昔は家重視、会社重視でしたから、親は絶対仲人がいなければいけないと考えていましたし、その仲人も会社の上司に頼まなければいけなかった。そういう価値観の中で結婚式を挙げていました。いまは家よりも、新郎新婦がしたいようにやる。会社とプライベートも完全に分けて考えるようになった。上司を呼ばないという結婚式もあるほどです。このように、結婚式の価値観は完全に変わりました。

提案力で需要を掘り起こす

北尾 岩本さん御自身の結婚式はどうだったんですか。

岩本 私は九〇年に結婚したのですが、ものすごいコンサバティブな結婚式でした。完全に嫁主導で、嫁がやりたいようにやりましたね。ただ残念なのは、式は日本閣で挙げたのですが、いまそこはマンションになってしまっている。これは悲しい。結婚をした場所というのはその夫婦にとってはメモリアルな場所ですから、永続することが大切です。

ブライダル業界の中には、施設が古くなったら立て替えればいいと考えている会社もあるようです。だけど私は自分自身の経験があるから、ハードが古くなってもスタッフが頑張って提案力を高めて存続させていきたい。そういう企業文化をつくっていきたいと思っています。

北尾 私の場合もまったく結婚式に関与しなかった。前日まで海外出張に出かけていて、帰った次の日が結婚式でした。だから全部妻にまかせましたから大変だったと思います。新婚旅行も倉敷に二日いただけで、帰りに神戸や大阪の親戚に挨拶をして帰ってきた。だから全然新婚旅行といった感じではなかったですね。最近は新婚旅行も変わったでしょうね。

岩本 披露宴よりも新婚旅行にお金をかける人も多いですね。それだけ新婚旅行が豪華になっています。昔はハワイだったのが、ヨーロッパだとか、インド、アフリカ、そういうところに行く方も増えている。その一方で外国には行きたくないと言う方も多いですから、二極分化が起きています。

北尾 海外で挙式する人たちも増えていますね。

岩本 でもこれも、昔とは変わってきています。以前だったらハワイに行って二人だけで挙式するケースが多かった。ところがいまは、ご両親と一緒に家族で海外に行き挙式する人たちが多くなりました。そうなると、ハワイは遠いのでグアムとかサイパンとか近場で挙げよう、あるいは国外はいやだというご両親が多いので沖縄で挙げようということになるんです。

北尾 それだけいまではウエディングのかたちが変化し多様化している。だからこそ、アイデアが重要になってくる。アイデアによって需要を掘り起こすからこそ、少子化が進み晩婚化・未婚化が進んでいるにもかかわらず、エスクリの業績が伸びているんでしょうね。

岩本 おっしゃるとおりです。実は一時、結婚披露宴をやる率が下がったことがあります。旧態依然の披露宴だったらやる必要はないと考えたカップルがそれだけ多くなったということです。そこへわれわれのように、新しい切り口でいろんな提案をするところが出てきた。その結果、この披露宴なら、このスタイルならやってもいいかなという新たなニーズが生まれてきたんです。

たとえば結婚写真にしても、昔は写真スタジオで型どおりの写真を撮っていた。でも古臭いし、そんな写真を飾るわけにもいかない。そこでたとえば女優さんの写真集のような、カメラ目線ではなく伏し目がちに、ヘアメイクをしている様子などの写真を撮る。これも切り口の提案だと思います。その結果、写真も単価は上がってきています。

ですから北尾さんが心配されるとおり、マクロで見ると晩婚化・未婚化で結婚式数は減っているかもしれませんが、提案次第で需要を掘り起こすことは十分可能です。

さらに言えば、今後はアジアを目指さなければならないと思います。いま日本では結婚するカップルは年間七〇万組くらいですけれど、中国ではわかっている人だけで八〇〇万組、内陸部には把握できていないカップルも多くいるそうですから、ウエディングの需要は相当あります。

ただ、中国の披露宴というのは、朝から晩までだらだら続く。日本の場合は披露宴は二時間半で終わってお客様にはお帰りいただいて、次の組をもう一回入れています。現状では、こうしたビジネスを中国で展開することはできません。ですから、現地の慣習とわれわれのビジネススキームをどう組み合わせていくかが大きな課題です。でもそれができれば、中国でのビジネスはものすごく可能性があると思います。

人材の採用・育成をデータ化

北尾　もう一つ、私が可能性があると思うのは周辺産業ですね。いまはまだ結婚式のところだけですが、プレウエディング、つまり出会いのところのプロデュースや、あるいは結婚したあとの新婚旅行、二人で生活を始める際に必要なものなどにも広げていけると思うんですよ。

岩本　確かにそうですね。私どものところで結婚式を挙げていただいたお客様の囲い込みがうまくできれば、住宅や、旅行、保険などがすべてつながってくる。このことも視野に入れていきたいですね。

いま、当社の施設で年間一五〇〇件、挙式が行われています。これを五年間続けてきましたから、累計で七〇〇〇～八〇〇〇カップルが挙式している。しかも出席者が平均七〇名いらっしゃいますから、何十万人もの方がうちの施設でパーティを楽しんでいただいている。その出席者まで入れると膨大なリストになりますし、それがまた次のお客さまとなるかもしれない。こういう人たちを囲い込むのも、結局のところ提案力だと思います。

北尾　提案力の源泉は、なんと言っても優秀な人材です。その人たちのセンスです。そうした能力を持った人材をどうやって採用・育成するんですか。

岩本　採用は相当こだわっています。いまは新卒採用が中心ですが、ウエディング・プランナーとしての適性を重視するために、適性試験を自分たちでつくりました。具体的に言えば、当社の優秀な人材がどういう適性を持っているかデータ化し、それと照らし合わせることで判断します。ブライダル業界というのは幸いなことに人気業界で、当社にも毎年六〇〇〇人以上の方がエントリーしてきます。そこでまずは、適性試験を受けてもらって、プランナーに向いているか見極めてから面接するという流れです。

その金の卵をどう育成するかというと、これもシステムをつくりました。いま当社には営業が一〇〇人いるんですが、彼らがお客様をご案内するパターンを全部登録させる。つまり一〇〇人一〇〇色のパターンが登録されているわけです。その中で優秀なデータだけを抽出すると、あるパターンが見えてくる。たとえば最初にチャペルから案内したほうが決まりやすいとか、最後の見積もりのところで時間をかけるとお客さまが受け入れやすいというデータが出てくる。これを新人たちに徹底的に教え込む。そうすると、ものすごく早く新人が育ち、成約が取れるようになるんです。早い人なら三ヵ月で一人前の接客ができますからね。

北尾　営業にしても経営にしても、勘だけに頼っていたら絶対だめですね。経営は科学的じゃなければいけない。そのためにデータに基づいていちばん効率的な手法を選択する。ところが、そういう会社はなかなかないんですね。岩本さんは、どこでこの手法を覚えたんですか。

岩本　やはりリクルートですね。リクルートという会社は、無から有をつくり出すことに非常に価値を置いていました。企画をいかに作り上げていくか、マーケティングをし、セールス部隊が仕上げていく。そしてそれぞれの役割に応じた人材を集めて、その人たちが活発に議論し合えるような風土作りをした。ここから多くのものを学びました。

たとえば、データベースを仕組み化するというのもリクルートからですし、採用や人材育成を大切にするというのもリクルート仕込みです。

北尾　しかも会社を辞めてもかまわない。というより、辞めることを奨励しているところがリクルートにはあった。

岩本　「辞めるな」ではなく、「辞めていけ」です。私の場合は、三八〜四三歳で辞めたら退職金を上乗せする制度があったので、それを利用しました。つまりそのくらいの年齢になったら、リクルートにいるのか、外に出て起業するのか決めなさい、ということです。そういう風土がリクルートにはありました。

目指すはシェア20%

北尾　辞められた段階で、いまの形のビジネスを考えていたんですか。

岩本　最初から、オリジナルなウエディングを提案し、しかもいろんなジャンル、つまりレストランでもホテルでもハウスウエディングでも対応できるようなオペレーションをする会社をつくろうと考えていました。私は一〇年間ゼクシィで取材していたのですが、提案型のウエディングビジネスの場合、ある会社はレストランウエディング、ある会社はハウスウエディングといった具合に、決まった形のサービスを提供していて、スタイルを選ばないサービスを提供する会社はなかったんです。それでこれをやろうと考えた。

もう一つの理由は、ブライダルのマーケットには大企業が存在しない。一〇%のシェアを持っているところがないんです。マーケットサイズは居酒屋と一緒ぐらいです。ところが居酒屋の場合、モンテローザさんとかワタミさんとか、二〇%近いシェアを持つ企業がある。ところがブライダルは、一兆四〇〇〇億円のマーケットのうち、トップ企業でも四〇〇億円です。だとしたら、仕組みさえきちんとつくれば、高いシェアの企業をつくることができるのではないかと考えたのです。スタイルにこだわらず、いろんなジャンルでサービスを提供しているのもそうした理由からです。

北尾 ブライダル産業というのは、地域性が非常に強い。北海道の人はわざわざ東京で結婚式は挙げません。しかも地域によって風習も違う。大きなシェアを持つ企業がないのはそうした理由があるからです。もしエスクリがシェアを伸ばすつもりなら、全国に拠点をつくらなければならないですね。

岩本 そのとおりです。これも実はゼクシィでやってきたことです。ゼクシィは最初東京で始めて、関西、東海へと広げ、最終的には北海道から九州まで全国を一四エリアに分けて、それぞれ微妙にコンテンツを変えています。北海道の結婚式は会費制ですから、それに合わせたコンテンツが必要ですし、沖縄は最初に盛り込み料理といって大皿に料理を盛ったものを出さないとお客さんに失礼だという慣習がある。そういう地域に合わせたサービスを、これから全国で展開しようと考えています。そうやって一〇%、できれば二〇%のシェアを取って、それからアジアに進出します。

北尾 私の持論は、マーケットの伸びていく分野で起業しろということです。その意味からいくと、ブライダル産業には疑問符がつきますが、提案によって需要を創造していく。さらにはアジアというマーケットを見据えている。そう考えると市場はまだまだ拡大していくわけですから、これからが楽しみですね。

民主党も採用したネット広告の秘密兵器

藤枝　勲

ネットワークス・プラス社長

2010年9月号掲載

ふじえだ・いさお　1972年生まれ。法政大学経済学部経済学科を卒業しウインタートウル・スイス保険入社。営業推進企画室の配属となりコールセンター／インターネットを活用したダイレクトマーケティングの企画などに携わる。その後ウェブクルーに転じコンテンツ・アライアンス・マーケティングを担当する。2001年ネットワーク・プラスを設立、社長に就任した。

株式会社ネットワークス・プラス

2001年4月設立

事業内容　世界初・日本発信のWEB広告ツールを研究開発する専門メーカー。特許取得済みで、採用実績も豊富な次世代型バナー「Zeeta（ゼータ）」やリアルtoWEBを実現するWEBスクラッチカード「Pop’n Web（ポップンウェブ）」両サービスについては末尾参照のこと。

www.nwplus.co.jp/

見えないと、見たくなる

北尾　ネットワークス・プラスがやっているビジネスは、みんながなんとかしたいと思っていた問題です。インターネットでビジネスをやっているところならどこだって、常に自分のところのサイトにアクセスしてほしい。それを狙ってバナー広告なんかを出しているのに、そこから誘導するのは非常にむずかしい。多くの会社がこの問題を解決しようと研究しているけれど、これをビジネスに結びつけたところはこれまでなかった。だからこそ、いまのような不況下にあっても、藤枝さんのところで提供しているサービスは順調に売上げを拡大させている。

藤枝　ありがとうございます。この会社を立ち上げる前から私はマーケティングに携わってきましたが、その結果、雑誌や新聞、チラシなどの広告や、もちろんインターネット広告においても、費用対効果が常に求められる。そしてこれをどんどん突き詰めていくと、結局、広告の費用をどんどん安くするという方法しか費用対効果を改善する方法を見出せなくなってくるんですね。これでは誰も幸せになれない。そこで、いまこの世の中にある広告媒体費や制作費、印刷費を極限まで値切って広告費を削るのではなくて、もう五円、もう一〇円払っても払った分の倍の効果が出る新しいサービスを適用できればビジネスになるだろうな、とずっと考えてきました。

ある時、スクラッチカードを削ってたら、クマが出てきた。そこでどういう意味かと思ってカードをめくって説明を読んでいた時に、これだ、とひらめいたんです。人間、見えないと、見たくなる。さらには少しだけ見えるとその先がもっと見たくなる。これをインターネット広告にも応用できないか、ということで思いついたのが、ポップンウェブ（※1）であり、ゼータ（※2）なんです。

ポップンウェブの場合は、まさにインターネット上のスクラッチカードです。ゼータの場合だと、これまでのバナー広告は、インターネットでインタラクティブだといっているにもかかわらず、ひとつの固定されたメッセージを入稿したら、雑誌や新聞と同じく変えることもできない。ユーザーが求めているものと、訴求内容が異なっていたら、その時点でクリックされることなく終わってしまいます。

そこで、企業が持つサイト内の様々な機能やコンテンツをバナー広告そのものに盛り込むことができるように開発したんです。そうすることで、バナーの中で見積もりや検索ができるようにするなど、ユーザーは知りたい情報をリクエストすることができ、企業側も伝えたい情報を伝える仕組みを持つことができるため、ユーザーの欲求にちょっとだけ応えてあげる。そうすると、人間はそれより先に進みたいという欲求が出てきてホームページにまで飛んできてくれるんです。

北尾　しかもこのビジネスは理論的裏づけもある。それで一度、ＳＢＩ大学院大学の講師も務めていただいたんですが、非常に論理的で面白かったですよ。

藤枝　私の場合、考えより行動が先に立つ人間なんで、けっして理論的なわけではありません。ただ、自分がこの事業を思いついた時に、まだ二八歳と若いこともあって、これを裏付けるものが過去になかったか、あるいはすでに同じような技術がないか、調べたんです。

そういう技術があれば輸入したほうが時間的に速いですから。そんなときに「ハーバード・ビジネス・レビュー」を読んでいて出会ったのが、スティーブン・ブラウンの「ポストモダンマーケティング」でした。

これは情報と物に飽きている消費者に消費行動を起こさせるにはどうするかというもので、そのためには仕掛けや変化、エンターテインメント性などの六つの要素が重要になってくるということが書いてあった。それを読んでこれだ、と思ったし、自分がやろうとしていることが間違いでないと確信することができたんです。

北尾　確固たる理論が後ろにあったら、信念は確信になり、自信をもって進めるとお客さんの心を動かせる。言葉に魂が揺さぶられるんですよ。

藤枝　おっしゃるとおり、ポストモダンマーケティングと出会って、その理論に基づいて自分の思考を整理することで、こういうやり方をすればユーザーは絶対に動くだろうというのは確信に変わりました。

北尾　使った企業の満足度は高いようですね。

藤枝　それが私たちのモチベーションになっています。最初使う時には半信半疑だったところでも、実際使っていただくと、みなさん喜んでいただいています。先日、通販業界の専門紙に、千趣会が既存顧客のダイレクトメールによってウェブサイトの売上げが一五％増加したという記事が載っていて、その理由は、遊びの要素を随所に取り入れたからだと書いてありました。その遊びというのが、ポップンウェブなんです。今まで業種業態問わず様々な企業にご採用いただき高い評価をいただきましたが、通販業界のトップ企業が、ポップンウェブの価値を見出してくれた。これはうれしいですね。

天気によってバナーが変わる

北尾　ただ、やりようによってはもっと爆発的に普及すると思うんだけれど、その点ではまだ不十分のような気がしますね。たとえば、無料で大量にするとか、あるいは子供たちのやってる対戦ゲームのようにできないかとか。もともとエンターテインメントで広げていくという考えでつくったんだから、それをもっと追求すれば面白いと思いますね。

藤枝　ビンゴカードのように使えないかとか、いろいろ考えてはいるんですが。でも確かに北尾さんのおっしゃるとおりですね。正直に言うとポップンウェブをプロモーションツールとして提供してやっていくうちに、費用対効果や会社としての収益を上げるところにとらわれすぎていたように思います。私たちが本来目指している、「マーケティングツール　ウイズ　エンターテインメント」という部分を忘れがちになっていたかもしれません。

北尾　うまくやれば広告業界に新しい風を吹かせることができるはずですよ。その意味では、ゼータというバナー広告も面白いですね。

藤枝　開発しサービスとして提供するまでに五年かかりました。プロトタイプが完成したのは二〇〇三年なんですが、世の中に出るまではレギュレーション違反と言われ、ゲテモノ扱いされていましたからね。ゼータというのは、極端な言い方をすればバナーが勝手にしゃべり始めるわけです。しかもそれも従来のバナー広告と同じように貼り付けるだけでできる。だけどそれをどれだけ説明しても信じてもらえない。それでも準備に準備を重ねて、ヤフーをはじめ関係各社の支援を得ることができ日産自動車の店舗検索結果を表示させるバナー広告として二年前にようやくスタートが切れました。

このゼータなら、三井住友銀行さんに採用していただいたように、バナーの中で見積もりや返済のシミュレーションがその場でできる。あるいは民主党さんのように国民の声を聞くユーザ参加型のバナーも実現することできる。それによってその広告主に興味を持った人の数も増え、そこからホームページに進むので、自ずとその成果も上がります。

しかもゼータはいまなお進化を続けています。最近発表したのが、気象情報を使って天気によってクリエイティブ（バナーの中身）を変えるというものです。例えば洗剤メーカーの場合なら、雨が降ったら部屋干し用の商品をバナー内で訴求する。これによって非常に臨場感を出すことができますから、潜在顧客のニーズも刺激することができホームページへの誘導数も多くなるわけです。今後さらに、ゼータα、ゼータβというような商品を用意していきたいと思います。

会社の前にサービスありき

北尾　そう言われると次にどんなものが出るのか聞きたくなる（笑）。ブラウン理論と同じで、隠されるとよけい知りたくなりますからね。

藤枝　現在すでにやっていることですが、これまでのバナー広告というのは、クリックしてホームページに飛んでいった数をカウントするだけでしょう。これだと、もしクリック数が少なかった場合、どこに問題があるのかよくわかりません。ゼータはインタラクティブですから、例えば保険のバナーで見積もりまでは見たけれどホームページに行かなかった方が何を求めていたのか、ということまでわかりますし、何を知って去っていったのかがわかるわけです。

そしてこれからやろうと考えているのが、〇三年には特許出願しているサービスでして、果たしてバナー広告を目にしたかどうかまでわかるようにしようということです。クリックしなくてもマウスをどこに動かしたかということまで、インタラクティブなゼータならわかるんです。

そうすると、目にしていながらなぜクリックしなかったのか、あるいはそもそも目にさえ入らなかったのか。それが分析できる。その分析に基づいて、どうやったら効率よく、バナーからホームページに誘導するかが提案できるようになる。そうなるとクリック数という点の情報で広告効果を測るしかなかったものが、オンマウス状況とバナー内のユーザーのリクエスト情報、さらに最終的なクリック数までが線で繋がるわけですから、ウェブ広告のインタラクティブ性を活かした圧倒的な情報量に基づいた正当な効果測定を行うことができるようになります。広告代理店も広告主もそしてウェブ媒体も、より一層、本来の前向きな広告、プロモーションにずいぶんと変わると思いますね。

北尾　藤枝さんは、もともと起業しようと考えていたの？

藤枝　私は材木屋の次男で、父が事業に苦労する姿を見て育ちましたので、自分で会社だけはやるまいと思ってた。ですから起業の意思はまるでなかった。ところが、前の会社でポップンウェブとゼータを考えついて会社に提案したところ、会社としてはドメインが違うと却下されてしまったのです。

でも私としては、どうしてもこのサービスを形にしたかった。そこで知り合いに声をかけたら、何人かがお金を出してくれるという。そこで私も当時の全財産二〇万円を出して会社を立ち上げたんです。

会社をつくることが目的ではなく、サービスの実現が目的でしたから、サービスを継続することと育てることにしかお金を使ってこなかった。会社の見てくれや自分の見栄ではなく、事業の存続だけにしか興味がなかったことは、無駄なお金を使わずにすんだし、今思えばよかったと思っています。

日本発のマーケティング

北尾　アイデア、革新的サービスがあって起業だからね。それがマスト。会社をつくりました、何をしましょうではうまくいかない。だけど藤枝さんはエンジニアではないでしょう。技術的にはどうしたの?

藤枝　私と技術的スタッフ二人で、勉強しながらやってきました。最初からプロフェッショナルが集まっていればもっと早くできたかもしれないけれど、でも時間を費やすことで、草野球チームがプロ野球チームになってきた。同じ志を持ち、また私よりも知識と経験をそれぞれの分野で持った仲間も増え、最近では私に代わって説明会に呼ばれて堂々とスピーチするスタッフも育ってきました。彼らの姿を見ると感無量。うちの会社は強くなった、チームとして成長してきたことを実感します。まだまだ小さい会社ですが、みんな必死になってやってくれています。会社にいると、いま日本でいちばん熱い場所はここじゃないか、と思う瞬間がありますよ。

北尾　ベンチャー企業というのはリソースが限られている。それを、知恵と工夫を寄せ集め、エネルギーの結晶で乗り切っていく。それで社員はプロになっていき、会社が爆発的に成長する時期を迎える。いまはその過程にあるんですよ。

もうひとつ素晴らしいのが、ポップンウェブにしてもゼータにしても、世界初の技術であるということです。

藤枝　マーケティング、特にウェブに関するものはすべてアメリカはじめ諸外国から入ってきています。でもポップンウェブやゼータは日本発のマーケティングツールです。これを世界に持っていって、「このツールは誰がつくった?」「日本人がつくった」という会話がされるようになるのが私の夢です。

北尾　これは絶対アメリカに持っていくべきですよ。アメリカはこういう新しい、そして合理性あるものには非常に早く反応する。そしてそれから逆上陸すれば、悲しいかな日本はすぐに受け入れる。

ですからネットワークス・プラスは大きな可能性を秘めている。世界に冠たる会社になるよう応援しています。

※1 「ポップンウェブ」ってなんだ?

まずDMなどでポップンカードをユーザーの手元に届ける。

ポップンカードは、赤い透過性のあるフィルム状の素材のカードで、これをパソコンや携帯の画面に表示された不思議な画像に合わせると、あらかじめ隠している文字や線画が浮かび上がる仕組みとなっている。

ここに「当たり」などくじ機能を持たせれば、ユーザーは自ら積極的にホームページを訪れるようになる。今までの、QRコードやURLを記載してプレゼントを告知していた告知物にはないユーザーの能動的な欲求を生みだすことでリアルとウェブをスマートに結びつける日本発のマーケティングツールであり、藤枝氏の言葉にあるように、千趣会ではこのカードによって売上げを大きく伸ばすことに成功した。

※2 インタラクティブバナー「ゼータ」ってなんだ?

普通のバナー広告は、せいぜい動画機能を持つぐらいで、あとはユーザーがクリックしてくれるのを待つだけだ。しかしゼータは、バナーそのものにインタラクティブ性を持たせたため、いままでできなかった、「日時」「天候」「年齢・性別」に合わせての表示変更が可能になったばかりでなく、バナー上で見積もりやアンケート調査を行うことができた。

参院選前には民主党が採用したが、その内容はバナー上で「あなたがいちばん大事だと思う政策」のアンケートを行い、答えるとその結果がすぐに表示される。そのうえでさらに民主党の政策に興味を持った人は、そこで初めて民主党のホームページに飛ぶ仕組みになっていた。

いきなりホームページに飛ぶのではなく、バナーでまず興味を引いたうえで、内容を少しだけ露出、ユーザーの関心を強めることで、ホームページへの誘導を容易にしている。

世界の医者をネットで結び「MRI難民」を救済する

佐藤俊彦

ドクターネット社長

2010年10月号掲載

現 株式会社 AIIM JAPAN 社長

さとう・としひこ 1960年生まれ。85年福島県立医科大学を卒業し同大学放射線科に入局。日本医科大学第一病院放射線科助手、独協医科大学放射線科助手を経て93年から鷲谷病院副院長。また独協医科大学越谷病院放射線科非常勤講師も務める。95年に鷲谷病院を退職しドクターネットを設立した。

株式会社ドクターネット

1995年1月設立

事業内容　放射線読影医をネットワークで結んで、遠隔読影のシステムを開発、サービスを展開している。現在読影医は150人を超え、日本最大級の遠隔読影サービスにまで成長している。

http://www.doctor-net.co.jp/

※ 対談当時社長だった佐藤俊彦氏（創業者）は現在、医療機器を製造・販売するAIIMジャパン社長を務めている。

世界中の医者をネットワーク

北尾　ドクターネットが手がける画像の遠隔診断は、この先ますます必要になってくると思いますね。

佐藤　ありがとうございます。いま年率三〇％ぐらい伸びていて、市場規模は二〇一三年で年間一〇〇億円、件数でいうと一一四八万件に達すると見られています。その中でわれわれのシェアは一三・五％、昨年セコムさんを抜いてトップになりました。

北尾　病名がわからない場合どうするか。まず血液検査です。がんが疑われる場合は腫瘍マーカーを調べます。だけど最後の決め手になるのは画像診断です。腫瘍マーカーの数値が異常に高かったら、次にPET検査で腫瘍のおおまかな場所を決めて、そのうえでCT、MRIで詳しく調べていきます。これでがんの部位や進行の程度まで全部わかりますから、治療方法も決まっていく。

佐藤　アメリカなどでは、例えば脳卒中で倒れた場合、二五分以内にCT検査を行って、二〇分以内に放射線科の読影により病気を確定し、四五分以内に血栓溶解治療を行うというのが明確に定められています。日本ではそこまではいきませんが、いまではCTやMRIを撮らずに手術を行うことはまずありえなくなっています。

北尾　腰が痛い、首が痛いという場合の原因特定にも、ＭＲＩが必要とされています。こうした病気は聴診器をあてても絶対わからないですからね。それほどまでに画像診断というのは大事なのに、日本は放射線医が非常に少なくて、お医者さんの二％弱しかいない。しかも、診断の決め手になる画像診断医（読影医）はさらに少ない。これが日本の医療の大きな問題点になっている。ドクターネットは、その読影医の少なさを補うビジネスです。

佐藤　少し前まで、画像診断といったらX線写真による診断を意味していました。レントゲン室で写真を撮って、現像したフィルムを見て診断していたわけです。つまり、X線写真を撮った病院で、そこの医師が診断していたわけです。ところが技術がどんどん発達して、ＣＴができＭＲＩができ、しかもデータはすべてデジタル処理することが可能になりました。しかもＩＴの発展によってどこにいても画像を診ることが可能になりました。するとどうなるか。

先ほど、北尾さんがおっしゃったように、日本には放射線医、中でも読影医は非常に少ない。そのため、せっかく画像を撮っても、その画像を読影する医師がいない。特に地方ではその傾向が顕著でした。しかしデジタルデータを伝送することができれば、地域による医師のばらつきはまったく関係なくなります。そこでわれわれはまず、読影のネットワークを築くことにしました。日本中のみならず世界中の放射線科医に、ネットワークを使って、必要な時に必要な画像を診てもらう。現在、このネットワークは一八〇人にまで増え、うち二五人は海外に在住しています。

契約した病院から送ってきた画像データや、われわれが運営する画像センターで撮った画像を、このネットワークを介して読影医に送り、それぞれの専門医が診断します。一八〇人の中には、核医学の専門医もいるし、放射線診断学の専門医もいて、専門臓器ごとにコールセンターで受けた依頼画像を配信して診てもらっています。海外の医師もメンバーになっているため、二四時間対応できます。ですから、検査から診断まで、早い対応が可能となります。

最近では、ネットワークシステムをクラウドに変えた結果、これまでだったら読影用の専用機をメンバーに渡していたのが、パソコンさえあればアクセスして読影ができるようになりました。

北尾　佐藤さんがいま言った、画像診断センターも今後ますます必要になってくるでしょうね。PETにしてもMRIにしても、画像診断に使う医療機械はどれもものすごく高い。小さな病院ではとても負担できない。しかもそれを使いこなすのはもっとむずかしい。それぞれの部位の専門医を確保する必要がある。結局、そういう機能を持つのは大病院だけになってしまうから、そこに患者が集中して、検査を受けるのにものすごい時間を待たなければならなくなってしまう。これも大きな問題です。

佐藤　特に大学病院などの場合は、夜間、MRIなどの検査をしません。専門医もそれほど多くはいませんし、彼らも休みをとらなければいけません。そのためどんどん患者がたまってしまう。これがアメリカの画像センターなら、朝の五時から夜の一二時まで動かしています。さらに需要の大きいところでは移動式のＭＲＩが回ってきて検査を夜中までやっている。ところが日本ではそういうことをしないから、そこがボトルネックになって画像診断が遅れる。そしてその間は何もできないんです。これが入院患者の場合なら、ずっと入院し続けなければならないから、入院費も必要以上にかかってしまう。

ですから、われわれが運営する画像センターでも、できるだけ検査できる時間帯を長くして、周辺の病院も含め多くの患者に利用してもらおうと考えています。そして最近ではわれわれが直接運営する画像センターだけではなく、医師たちが自分たちで会社を立ち上げ遠隔画像診断センターをつくって、われわれのインフラを利用するケースも出てきています。こういう設備が日本中にできれば、日本の医療も大きく変わると思いますね。

先進国アメリカとの格差

北尾　ところで佐藤さんは大学を出たあと大学病院に勤務し、その後、宇都宮の病院で副院長を務めていたのに、一九九五年にその病院を辞め、ドクターネットをつくっています。なぜまた会社を経営しようと決意したんですか。

佐藤　きっかけとなったのは九〇年代半ばにアメリカへ視察に行ったことですね。もともと日本にいたのでは、自分の思うような医療ができないとは考えていましたが、びっくりしたのは、日本の場合、医師は病院に就職するのに、向こうはそうではない。医師が会社をつくって複数の病院と契約するんです。たとえば私のような放射線科医が集まって会社をつくり、病院と契約するシステムになっています。ところが日本は病院に就職するので、放射線医は一つの病院にそんなに多人数はいない。ということは自分より上のスキルを持つ人がいないということですから、自分の能力を超えた場合、対応できません。アメリカなら、放射線医がグループプラクティスを行うため、さまざまな状況に対応できるし、医師のスキルも上がっていく、こういう仕組みを日本でもつくろうと考えたのです。

それと当時に、すでにアメリカではT1回線というブロードバンド環境があったのに、日本はまだISDNでした。しかし、いずれ日本もブロードバンド時代になる。そうなると遠隔診断が可能になる、と考えたのが二つ目の理由です。もう一つは、先ほど話した画像診断センターをつくりたかった。病院にある放射線科が外に出て、複数の病院が共同利用する画像センターが当時はまだ日本になかったんです。その三つがこの会社をつくった理由ですね。

北尾　その頃と比べて、日本とアメリカの差は縮まりましたか。

佐藤　アメリカとはまだまだ大きな差がありますね。向こうで上場しているナイトホークという会社があるんですが、彼らの売上げ規模は三〇〇億円近くあります。われわれの会社の遠隔診療が一〇億円ちょっとの規模で、それ以外の事業をすべて合わせても三〇億円ぐらいにしかなりませんから、一〇倍の規模がある。やはりアメリカでは読影が社会システムとして認識されている。それが強みです。ところが日本では読影してもしなくても保険点数を請求できる。その差は大きいですね。

北尾　やはりアメリカに学ばなければならないことは多いようですね。

佐藤　たくさんあります。僕たちは六年間医学部で学び医者になります。ところがアメリカでは四年間大学で学んで、そのうえで医学部に入ってくる。つまりバックグラウンドが全然違う人たちが一緒に四年間医学部で学ぶから、新しいことを解決しようというとき、ソリューションの出し方が全然違う。僕ら日本人は医者頭ばかりが育ってしまう。

北尾　学際的研究で新しい知恵が生まれてきますからね。特にＩＴはさまざまな学問分野と結びついて新しい領域を作り続けている。医療もその一つですね。

佐藤　ただ気になるのは、最近、アメリカで学ぶ日本人がものすごく少なくなってしまっているんですよ。以前なら、日本企業のスカラシップで行く人も多かったけれど、最近、それがないんですね。自費となるとけっこう大変ですから。

北尾　僕も野村証券のスカラシップで留学した。いま多くの企業ではそういうのを廃止してますから。

佐藤　ですから、私たちは向こうで教授になっている日本人に、若い日本人を受け入れてもらおうと思っています。年間五〇〇万円ぐらいあれば大丈夫なので、若い放射線医を交代で行かせようかと思ってます。

上場を断念した理由

北尾　放射線科医の数は少しは増えましたか。CTやMRIなど医療機器の台数はどんどん増えているのだから、読影する人も増えなければならない。そうでないなら、読影医はますます忙しくなってしまう。

佐藤　残念ながらそうはなっていませんね。大学医学部では放射線科の入局者はほとんど増えていません。特に地方の大学医学部は深刻です。私の母校の福島医大も入局者ゼロがここ五、六年続いています。その一方で東大や京大では入局者が毎年三〇人もいる。みんな都会に集まってしまうんですね。こうなると地方の医療機関は大変です。

北尾　患者さんが集中する。だけど読影のできる先生が一人しかいないとなると、本当に激務になる。でもその分、ドクターネットの果たすべき役割は大きいし、企業として発展していく可能性は大きいですね。

佐藤　アメリカに読影医が多いのは、臨床医が訴訟リスクを避けるために診断を裏付ける手段として画像診断を積極的に取り入れたということが背景にあります。もし画像診断なしで治療をしてうまくいかなかった場合、医療ミスを指摘される可能性が高いですからね。ところが日本ではこれまで訴訟リスクはほとんどなかった。だから画像診断をしないケースも多く、読影医も育ってこなかった。最近でこそ、読影医の必要性が指摘されていますが、残念ながらいまのところ放射線科医の待遇はあまりよくない。だから志望する人も少なくて、いつまでたっても不足が解消されないんです。

北尾 そのためには、健康保険の点数から何から全部変えていかなければならないですね。結局、厚労省が医学の現場をどこまで知っているのかだと思います。現状を知るだけでなく、アメリカやヨーロッパの状況を知ることで、日本が何をしなければいけないのかが見えてくる。ところが厚労省の動きはものすごいスローなんです。

それともう一つ、放射線科医に対する誤解を解かなければいけない。日本人は放射線に対して悪いイメージを持っている。そして放射線医というのは放射線に常に曝されているからという理由で敬遠されるきらいがある。そんなことはありえないのに。

佐藤 そうなんです。

北尾 業績も順調に伸びているようだし、僕はこの会社は近い将来、上場するものだとばかり思っていた。だけど、最近、ノーリツ鋼機グループに参画されたようですね。ちょっと意外でした。

佐藤 事業そのものは順調だったのですが、いろいろと予期しない問題もあって、さまざまなリスクに見舞われる可能性がありました。会社を設立して以来、多くの方々の出資を仰いできました。出資していただいた方々のことを考えると、どこかでイグジットしなければなりません。今回、M&Aによりノーリツ鋼機グループに入ることが、継続的に会社を発展させるために最善であると判断したわけです。

ただ、当初は上場を考えていましたから、その意味では少しばかり心残りもあります。幸い、新しい親子関係は良好ですし、その一方で、イグジットしなければならないという意味での肩の荷を降ろすことができました。ですから、いま一度ネジを巻きなおしているところです。

中国で撮影、日本で読影

北尾　新しい体制になって、これから何を目指しますか。

佐藤　これまでドクターネットでは、診断医のネットワークと画像センターのネットワークをつくってきました。しかしこれからは、〝医療崩壊〟から〝医療保険崩壊〟になり、予防医療がますます重要になってくると思うので、顧問医と治療医のネットワークをつくりたいと思っています。顧問医とは顧問弁護士のように、クライアントの健康上のさまざまな相談にのる医者です。そして何か問題があったら、診断センターと診断医と治療医のネットワークでクライアントを守る。このようなシステムをぜひつくりたいですね。

北尾　イギリスだと、ジェネラル・プラクティショナーという何でも診る医者がいて、まずそこに相談にいく。ちょっとおかしいと画像センターに行って調べて、結果が出たら治療医のところに行く。そういう医療システムがある。そういうところが日本は非常に遅れていますからね。

佐藤　もう一つは、ＳＢＩグループでも手がけていますが、メディカルクラブを充実させたいですね。すでに宇都宮市とさいたま市の二ヵ所で、合わせてメンバー五〇〇人のメディカルクラブを運営していますが、いずれ現在リスクを画像診断で行い、将来リスクを遺伝子診断で見ていくという予防プログラムをやっていこうと考えています。

もう一つ考えているのが海外展開です。いま中国から日本へ、ＰＥＴ検診のメディカルツーリズムが盛んになっています。九州のＰＥＴセンターには、月に四〇人もの中国人が検診に訪れています。だけど、日本に来るぐらいだったら、中国本土で検診を受けられるようになればいいと考えるのは当たり前です。いま大連では、新しい開発区に未病センターというのをつくることになって、そこで画像検診をやるそうです。しかし問題は、読影できる医師がいない。大きながんなら見つけられても早期がんというのはトレーニングしないとむずかしい。そこで、大連で撮った画像を、日本に送ってもらい、われわれが読影するというシステムをつくろうと現在取り組んでいるところです。

上場取り止めが縁で結んだ「師弟の契り」

近藤太香巳

ネクシィーズ社長

2010年11月号掲載

こんどう・たかみ　1967年生まれ。19歳の時、50万円を元手に会社を創業。34歳でナスダック・ジャパン（現ジャスダック）へ株式上場を果たし、その後37歳にして2004年当時、最年少創業社長として東証一部上場を実現。プロモーション&マーケティングを駆使したビジネスモデルでグループ14社にまで成長させた。また、DNA健康コンサルティング、情熱経済人交流会パッションリーダーズなど新たな分野にも挑戦し続けている。早稲田大学や東京大学、一橋大学などでの講演活動も積極的に取り組んでいる。JAPAN VENTURE AWARD 2006 最高位経済産業大臣賞を受賞した。

株式会社ネクシィーズ

1990年2月設立

事業内容　ネクシィーズは事業持ち株会社。現在はグループ14社にまで成長させ、電子雑誌「旅色」「GOODA」などの芸能コンテンツや伝統文化教育事業 ハクビ総合学院、インターネットサービスプロバイダ「Nexyz.BB」も手がける

2001年ナスダック・ジャパン（現ジャスダック）上場
04年東証一部上場

http://www.nexyz.co.jp/

「爺殺し」の才能

近藤　会長（近藤氏は北尾氏のことを会長と呼ぶ。理由は後述）は僕にとって生涯の恩師ですから、この対談が実現できたのはとてもうれしいです。

北尾　初めて会ってから、どのくらいたつのかな。

近藤　ちょうど一〇年ですよ。二〇〇〇年四月二五日に東証マザーズに上場する予定で株価も決まっていたのに、ITバブル崩壊のあおりを受けて、そのわずか二週間前に取り止めに追い込まれてしまいました。マザーズで上場中止になったのは当社が初めてだったことからずいぶんと話題になり、利益は出ているにもかかわらず、銀行からは一斉に融資を引き上げられた。おかげでキャッシュ不足になって典型的な黒字倒産に陥りそうになっていました。そこで藁をもすがる気持ちで会長にお目にかかったのが最初でした。

北尾　銀行というのは、どこか一行が融資を引き上げると一斉に右へ倣えとなってしまいますからね。

近藤　あの時、会長に出資していただかなかったら、いまのネクシィーズはありません。

でも面接していただいた時は無茶苦茶緊張しました。その後、会長が優しすぎるほど優しいことがわかりましたが、最初は顔つきも目つきも鋭かったですから、ものすごく怖いわけですよ。

しかも会長は、誰に会うのも時間は一五分だと聞いていました。一五分で説明できることってそんなに多くない。資料だってそれほど多くは用意できません。それでも、もしかしたら興味を示してくれて一五分を超えて話を聞き続けてくれるかもしれないと思って、別の資料を持っていったのですが、それがよかった。結局、一五分どころか一時間近くも話を聞いてくださったんです。

うれしかったですね。まずは興味を持ってくれたこと。そして説明が終わって最後に「君の目は輝いておる、頑張れよ。応援する」と言ってくださったんです。ということはお金を入れてくれるということだなって、きょとんとして帰りました。

北尾　我々は銀行ではないから、出資するかどうかはその事業が伸びるかどうかで決めています。それと経営者。直観力というか、この人は本当に儲けさせてくれるかどうか（笑）。大事な投資家たちのお金を預かっているわけですから、きちんとリターンできるか、それに十分応えてくれる人物かどうか、判断しなければならない。
近藤君の場合、一五分でとにかく自分を印象付けなければならないと本当に必死でしたね。目が輝いていた。人に思いを伝えようと思ったら、気迫がなければなりません。特にネクシィーズの場合は営業会社のわけだから、そのトップが人の気持ちを動かすことができなければ、営業会社としては成り立たない。その点、近藤君は気迫をもって僕の心を動かした。それが近藤君の人間的魅力なんでしょうね。人懐っこいし、かわいがってやろうと思わせる。言葉は悪いけれど〝爺殺し〟の才能がある（笑）。

もちろんビジネスモデルも魅力的でした。営業会社ではあるけれど、単に営業力があるだけでなく企画力と表現力によって独特の営業力を生み出してきた。だからこの会社は必ず伸びると判断したわけです。

実際、当時はキャッシュ不足で苦しんでいたけれど、その後態勢を立て直して見事に上場を果たしました。うちもおかげでずいぶんと儲けさせてもらいました。

近藤　二〇〇二年にナスダック・ジャパン（現ジャスダック）に上場することができましたが（〇四年に東証一部に上場）、それでも公開当初は時価総額が低かった。僕自身、なんで株価が上がらないか不思議でならなかったけれど、その時も会長は「上がるから大丈夫、心配するな」と言ってくれました。その言葉どおり、その後うちの株は、年間値上がりランキング二位になるほど株価が上がりました。もっともそのあとに、値下がりランクの二位にもなりましたけど（笑）。

代理店ビジネスを卒業

北尾　本当に波乱万丈の人生を歩いている（笑）。

近藤　上場取り止めから這い上がることができたのも、金銭的支援に加え、ネクシィーズの会長職を引き受けていただいたからです。だから僕にとって、北尾さんはずっと〝会長〟です。またその縁で孫さん（正義・ソフトバンク社長）と出会うこともできました。当時孫さんはヤフーBB（ADSL）に力を注いでいて、我々はその代理店となって販売しました。「ヤフーBB」の加入者は全国で四〇〇万強ですが、そのうちの一三七万は当時我々が一社だけで獲得した。全販売代理店の中で圧倒的ナンバーワン・ディストリビューターです。さらにはソフトバンクテレコムの「おとくライン」の販売でも八七万件。ソフトバンク関連だけで合わせて二二四万件を販売しています。これも会長と出会わなければなかったかもしれません。

北尾　しかも代理店をやっているかと思ったら、そのうち自分たちでブロードバンドサービスを始めている。当初は赤字が続いていたけど、ようやく黒字になったようですね。

近藤　はい、ソフトバンクのADSL回線を使った、「ネクシィーズBB」というISP事業を四年前から始めました。つまり代理店から自社のオリジナルサービスへと切り替えたのです。すでに加入者は一七万六〇〇〇件を超え、利益が出始めました。実はこのサービスを始める前は散々なことを言われました。時代は光ファイバーなのになんでいまさらADSLなんだ、時代に逆行しているというわけです。

だけど、マスメディアは光の時代だと言うけれど、それは一〇歩先の話です。実際のお客さんは一歩先の商品やサービスを求めています。光ファイバーは確かに速い。だけどその速さで何をするのか。家庭で使うにはＡＤＳＬの速度で十分です。しかも値段はネクシィーズＢＢのほうがはるかに安い。ですからいまでも加入者は増え続けていますし、光からの乗り換えも多い。

北尾　ネクシィーズがヤフーＢＢを売りまくっている時、僕は一度近藤君に注意したことがありましたね。孫さんはもっともっと売ってほしいと言うかもしれないけれど、それに合わせて設備投資をするのは慎重になったほうがいいよと。孫さんはいまはＡＤＳＬだと言っているけれど、その興味がいずれ光ファイバーや携帯にいくかもしれない。振り回されないようにしなさいという意味でしたし、実際、そうなった。だけど近藤君はけっこうな設備投資をしたため、それが大きな負担になってしまった。

でもそこからが近藤君らしい。だったらそのアセットを利用して自分たちのサービスとして売ればいいと発想を転換しましたからね。そうすれば、これまで育てた営業マンもセールストークもそのまま使える。しかも、自分たちでサービスすることで、これからは継続的に収入を得ることができるから収益も安定する。

近藤　このビジネスが面白いのは、代理店業務と違って銀行引き落とし口座を当社がもっていることです。だからお客さんにこんなサービスを受けませんかという提案をすることができるし、それによって売上げを伸ばすことができる。たとえば、ネクシィーズＢＢの会員は、ベネフィット・

ワンの福利厚生サービスを月額三七〇円で受けることができます。これはパソナグループのベネフィット・ワンが提供する宿泊やショッピングなどの割引サービスで、普通は企業が契約するのですが、ネクシィーズBBは個人で利用できる。

まだ始めて間もないですが、すでに二万人近い会員が利用しています。こういう新しい企画を考えることで、売上げをさらに伸ばすことができると考えています。

女優で読ませる旅マガジン

北尾　ウェブマガジンの「旅色」も面白いね。やり始める時はこんなもんがいけるのかと思ったんだけど。

近藤　「旅色」は女優が全国各地を旅するトラベルウェブマガジンです。ナビゲーターに長谷川京子、藤原紀香、米倉涼子といった、映画やドラマで主役級の女優を起用し、旅のシチュエーションを紹介しています。だけど、以前、会長に見てもらったら、出てくる女優さんを誰も知らなかったじゃないですか（笑）。これだけの女優さんが出てくるのはすごいことだから自慢したのに、この娘はかわいい、この娘はちょっと…となって。そういう問題じゃないんです（笑）。

北尾　誰一人知らなかったね。僕はそういうことに対する興味がまるでないんですね。

近藤　これのどこがすごいかというと、女優さんというのは基本的にインターネットはＮＧなんです。インターネットの画像はすぐにコピーされてしまいますからね。その一方で、彼女たちは雑誌の表紙に出ることにはプロモーションのために積極的です。しかもトップ女優がコマーシャルに出れば一本何千万円というギャラが発生しますが、表紙というのは驚くほど安い。それでも彼女たちが表紙を飾るのは、それが自分自身のブランディングになるからです。

だとしたら、単にインターネット上で起用するのではなく、紙の雑誌のクオリティに負けないものをつくれば、彼女たちも喜んで出てくれるのではないかと考えたのです。その狙いは的中して、これまで登場してくれた女優さんは二八人。しかもこれだけの人が登場すると、自分も出たいと思う女優も増えてくる。この勢いはもう止まりません。

フリーマガジンですから、収益源は広告です。彼女たちに旅をしてもらったり、旅についてインタビューやコラムを書いてもらう。そのあとにホテルや旅館、レストラン、レジャー施設などの広告を入れていきます。この広告申し込みが非常に増えていて、前期五四四件だった掲載件数が、今期は一六〇〇件と三倍となる見通しです。

北尾　これこそアイデアだね。

近藤　徹底的にクオリティにこだわったのがよかったようです。その結果、電通がｉＰａｄやスマートフォン用に提供している「マガストア」からコンテンツ提供を求められましたし、楽天トラベルにも提供しています。また女性ファッション雑誌「GINGER」の付録に「旅色」別冊をつけたところ非常に好評でした。さらにはテレビ番組とのコラボレーションも行っています。

北尾 これが企画力と営業力ですね。普通のヒトが考えないことをビジネスにする才能がある。ただそれでも、着物着付け教室のハクビを買収したのには驚いた。着物なんて廃れ行く産業だと思っていましたからね。いまはどうなっている？

近藤 とても順調です。着物業界にはライバルがほとんどいませんから。ヤフーBBを売った時はライバルはNTTでした。ブロードバンドサービスとなるとライバルはいくらでもいる。ところが着物着付けの場合、せいぜい二、三社。しかも業界としてはずっと止まっている。企画力と営業力で戦ってきた僕らからすると、何でもできる業界なんですよ。利益にしても、出そうと思えばすぐに一億円ぐらいは出せますよ。

いまは関東を中心に六二ある教室のリニューアルにコストがかかっていますが、利益を出すのはそんなむずかしいことではない。何より、レストランだったら流行り廃りがありますが、着物の場合それがない。ですからマーケットを押さえてしまえば不動の地位を築けるわけです。

北尾 着る機会は少ないとはいえ、日本女性なら着物を着たいと思っている。いまでも正月の仕事初めには着物を着て出社する女性も珍しくない。もしこれを自分で着ることができたら、もっと着たいと思うでしょうね。やっぱり日本の女性が着物を着ると、それだけで美しさが数段上がります。

本業は「企画力＋営業力」

近藤　着物の着付けというのは、なんだかんだ言ってもお稽古事ランキングでベスト5に入っているんですよ。そしてお稽古マーケットは全体で一兆八〇〇〇億円もある。けっして小さくありません。着物を習いながらお茶を習うとか、和のコラボレーションだって考えられる。しかもお稽古事をやるという人は経済的に余裕のある人たちですから、やりようによっては、いくらでも可能性があると思っています。

北尾　着物や浴衣のクィーンコンテストなんかもやってますね。

近藤　企画力＋営業力のわれわれとしては、できるだけ着物を着るシチュエーションを増やそうと考えています。そうすれば着付けを習おうという人も増えますから。ですから、いろんな企業と協力して、花火大会を開いたり、着物を着たお客さんには割引サービスをしてもらうとかいろんな企画を考えています。

それに、日本人が着物を着なくなったというなら海外に出るという手段もある。ハワイなんかで着物イベントをやると、着物姿の女性の周りに五〇〇人ぐらい外国人が集まってくる。日本の着物は世界ナンバーワンの民族衣装ですし、外国人も強い関心を持っている。だからニューヨークで着付け教室を開いたら、案外生徒が集まるかもしれない。パーティに着たいという人もいるでしょうからね。そして教室は、生徒が二〇人も集まれば成り立ちます。そうやってこぢんまりとも展開していくことも可能です。

北尾　本当に近藤君は僕のやらないようなことをやる。だから話していても刺激があっておもしろい。

近藤　よく、ネクシィーズは何をやる会社なのかと聞かれます。うちの会社は、青汁をつくっている、クルマつくっているという会社ではありません。では何が売りかというと、企画力と営業力です。ネクシィーズBBに「旅色」、ハクビと、いろんなことをやっている会社だと思われがちですが、僕にしたらそうではない。企画と営業にかかわることだけしかやっていないんです。この立ち位置からは絶対に外れない。

北尾　でもここまでの歩みを見ていると、恐らくこれからだって波乱万丈の人生が待っていますよ。

近藤　好き好んでいるわけじゃないけれど、本当にそうですよね。

北尾　だからこそ、助けてくれる人をそばに持たないといけない。これが持てるかどうかが、ベンチャー企業が逆境に生き残れるかどうかにつながります。その意味では、近藤君の人懐っこさとかわいらしさは一つの武器ですよ。

近藤　それだけに会長には感謝してもしきれません。一〇年前、上場取り止めになって会長に出会え、本当によかったと思っています。

九州発の小売りチェーンが起こす「アジアの流通革命」

永田久男

トライアルカンパニー社長

2010年12月号掲載

ながた・ひさお 1956年福岡県生まれ。福岡大学付属大濠高校を卒業後、一時、システムエンジニアとなるが、81年、父の創業した「あさひ屋」（トライアルカンパニーの前身）を株式会社化し社長に就任。84年に現社名に変更し、多店舗展開に着手。現在では日本国内に100店以上、韓国に7店の店舗を持つ一大流通チェーンへと成長した。

株式会社トライアルカンパニー

1981年7月設立

事業内容　本社は福岡市。九州地区を中心に「スーパーセンタートライアル」などスーパーマーケットやホームセンター、コンビニエンスストアなどを展開。いまでは日本全国に141店舗を数える。また中国・青島で店舗運営システムの開発を行っている。

http://www.trial-net.co.jp/

伊藤雅俊、鈴木敏文の再来

北尾　永田さんはメディアの取材は一切受けないのを承知のうえで、今日は無理を言ってこの対談に出ていただきました。

永田　実は二〇代の頃は取材を受けていたんですよ。脚光を浴びた時代もありましたから。だけどその結果、天狗になって浮き足立ってしまった。本来、我々はお客様の方を向いてお客様のためにビジネスしなくてはならないのに、メディアに出るとどうしてもメディアの方を向いてしまう。しかも言ったことが一人歩きしたり、身の丈を超えたことをしてしまったりする。それでは自分のためにもならないし会社のためにもならない。百害あって一利なし。そこで、自分のやっていることに自分で合格点を出せるまで、一切メディアには出ないと決めたのです。

だけど、北尾さんに言われたら仕方ありません。好きな言葉に道元禅師の「正師を得ざれば学ばざるにしかず」があります。僕はいままでいろんな人たちの影響を受け、たくさんのことを学んできたけれど、北尾さんにお目にかかって、数少ない正師に巡り合ったと思いました。その師匠に出ろと言われて、自分の我を貫くべきか、それとも師匠の言うことを聞こうか、非常に迷いましたが、結局、後者を選択しました。ですから今日はメディア初登場です。

北尾　出会ったのはまだ一年ほど前。けれど、非常に濃密な関係が築けたように思いますね。僕もずいぶんと刺激を受けました。

永田　我々はいま上場準備をしていますが、そこにSBI証券の井土（太良）社長（現　SBIホールディングスCOO）が訪ねてこられたのがきっかけでした。いまとなっては失礼な話ですが、証券会社なんてどこも同じだと思っていました。だからSBIに対してもそれほど興味は持ってなかった。ところが井土さんが「うちは違う」と言う。そこで「どこが違う」と聞いたところ、「北尾に会ってくれ」と。

そうしたら一週間もしないうちに北尾さんは時間を取ってくれた。それだけでなく、SBIのやることはとにかく速い。即断即決です。そういう意味で大変学ぶべきところが多い。しかもエクイティの問題だけでなく、われわれが目指しているグローバル展開についても、SBIは豊富な経験を持っている。そこでも大変お世話になっています。

北尾　初めて永田さんに会って話をした時に、セブン&アイ創業者の伊藤雅俊さんや現会長の鈴木敏文さんに初めてお会いした時を思い出しました。永田さんはその頃のお二人にかぶるんです。しかもようやくその二人を超えるような素質を持った人が出てきたなと感じましたね。それで、応援しようと即座に思った。

企業が発展するための必要条件は、経営トップがビジョンを持っていることです。そしてこれからはそのビジョンの中に、グローバルな視点が入っていなければなりません。トライアルはすでに中国、韓国でビジネスを進めているけれど、それを世界中に展開するという姿勢や、世界中から商品を仕入れようという姿勢がある。お店に来るお客さんに、いちばん安価でいちばん上質なものを提供することを謳っているけれど、そのためには必要な場所に物流センターをきちんとつくる必要があるし、ＩＴを活用したシステムとして自分たちで最適なものを構築していなければならない。そういう、これからの小売業には不可欠だと僕が考えることを、トライアルはすべてやっている。そこにまず驚いた。

ユニクロもそうかもしれないけれど、衣料品だけ。トライアルの場合、生鮮食品から家電まで、あらゆる商品を扱っていながらお客さんのために、の視点が貫かれている。だからこそ、大成功を収めるポテンシャリティを持っていると思ったんです。普通そういうことは、企業規模が大きくなってから始めるものなのに、ここは規模が小さい時から取り組んでいる。絶対に正しいやり方なんですが、目先のことばかり考えている経営者にはできないんですね。

ウォルマートを徹底研究

永田　事業を興してそろそろ三〇年になりますが、僕はもともとコンピュータのエンジニアですから。ちょうどパソコンが広まりだした頃で、ＩＴの先駆者たちが名乗りを上げ始めていました。だけど僕の力でＩＴ業界で成功するのは無理だと思い、父のやっていた流通業を選んで、そこにＩＴを取り入れたんです。

これは僕がいつも考えていることですが、緊急なことと根本的なことを分けて考えなければいけない。緊急的なものは、いかにして足元の利益を出すかといったこと。そして根本的なものとは、一〇年、二〇年、三〇年のロングタームで、お客様のために何が必要かを考えることです。小売業を始めた時から、僕はいまある他社の店舗と同じことなら参入しても意味がないと思っていました。同じような店をつくってもお客様のためにはなりませんから。そういう観点から、ＩＴにしても物流にしても商品開発にしても、しっかりとしたものにしなければならないと思ってやってきたのですが、最初のうちは迷ってばかりでした。

そんな二〇年前に見つけたのがウォルマートです。僕の考え方は帰納法で過去の成功事例を徹底的に分析し研究するというものです。だからウォルマートを知るために、年に二、三回、これまでに七〇回ほど訪米して研究しました。いまではアメリカに研修センターを設置してずっとベンチマークにしています。

ウォルマートは日本では通用しないと言う人もいます。確かにドイツや韓国でも失敗しています。もちろん郷に入れば郷に従えというところもある。でも本質的な部分で学ぶに値するところはたくさんある会社です。

そして最近では、サムスンを研究しています。一〇年ほど前に韓国に進出したおかげで、日本では手に入らない資料も入手できるようになりました。なぜサムスンは厳しい競争を勝ち抜いて成功を収めたのか。研究してわかったのは、徹底的だということです。マイケル・ポーターの競争戦略ってありますね。その戦略をサムスンは徹底した。だから僕も徹底する。業態としては小売業と製造業と違うかもしれませんが、普遍的な部分での企業経営はなんら変わるところはありません。

北尾　セブン&アイの伊藤さんもウォルマートへはしょっちゅう行って勉強していました。この徹底した姿勢が大事なんです。徹底する、粘っこい、しつこい人間が最後に成功をつかむことができる。なんでも簡単にあきらめる人間には成功はおぼつかない。

永田　システムだったら、日本一、世界一のシステムをつくりたい。だけどなかなか理解されないことも多いですよ。いま中国に七〇〇人のエンジニアがいて当社のシステム設計を行っています。そのための投資は七〇億円ほどに達しています。でもこうした先行投資のために、営業利益率は三%ほどあるのに、経常利益率は一・五%や二%に落ちてしまう。自己資本比率も他社に比べて低水準です。アナリストなどからはそうした指摘をしょっちゅう受けます。だけど僕にしてみれば、決算書類上に出てくる数字がすべてなのかという思いがある。貸借対照表上に出てこない価値だってあるはずだ。そう信じてやってきました。こうしたことを理解してくれる北尾さんは、だから僕にとっての正師です。

700人の中国人部隊

北尾　数字に出るのは一つの結果ではあるけれど、きわめて表面的なことでしかありません。

僕はトライアルに対して、少しずつ伸びていくようなイメージは持ってない。一〇年、二〇年、三〇年のロングタームで見て飛躍する数少ない会社の一つかなと思っています。そして飛躍するには絶対に布石が必要で、それをいま着々と進めている。

ただし、布石というのは短期的にマイナスになることも多い。ほとんどの会社は、布石を打つこともなく短期的な目先の利益だけを見てしまう。他社との比較でも、短期的視点から利益率が上か下かの競争で終わってしまう。そんな会社は飛躍などできません。その点、トライアルは楽しみだし、短期的利益が多少犠牲になっていても、赤字を出しているわけじゃなく、利益を出しながら布石を打っている。そこが僕にとっては非常にエキサイティング。創業期のセブン‐イレブンで鈴木さんが陣頭指揮を執るのを見て、これは伸びるなと思った時と同じように見えますね。

しかもこれから海外で伸びていく可能性が強い。トライアルが本格的にやり始めたらものすごいことになると思います。

永田　日本は人口が減っていることもあって活力がなくなってきています。ですから我々も、日本の会社ではダメで世界に通用する会社にならなければならないと思っていました。そこでまず進出したのが韓国です。当時はまだ、トライアルの扱っているコモデティ商品を中国で売るには無理があると思っていましたから、まず韓国で日本以外の世界を知ろうと考えたのです。韓国の事業は上場できるまでになってきていますが、それ以上に飛躍のための蓄積ができました。これが大きかった。

韓国では現地の人間と組んで、自分たちで土地を買い、建物を立てるというきわめてオーソドックスなやり方で店舗展開してきました。だけど中国でそれをやるには、時間やエネルギー、そして自分の年齢などいろんなことを考えると遠回りだなと思ったんです。そこでまず人を育てようと考えた。それが中国のシステム部隊の七〇〇人です。

中国のGDPはついに日本に並びました。小売業のマーケットも、日本と同じぐらいの規模になっている。ところが、市場は伸びているのに、流通技術、流通科学というのはまるで遅れていて、日本の三〇年前よりひどいほどです。POSはあっても単なるレジになっている。物流ルートもきちんとは出来上がっていない。ここにトライアルのシステムとマネジメントを持ち込み、アジアのデファクトスタンダードをつくろうと考えています。

そのために七〇〇人のエンジニアのうち常時二〇〇人を日本に呼んでいます。彼らは通常も三年、長くても五年滞在して、コンピュータの仕事だけをするのではなく、トライアルの店に入って発注業務やＬＳＰ（人員配置手法）を学び、システムのみならず商品開発やマネジメントも身に付ける。しかもトライアル・フィロソフィーも覚えていく。つまり彼らは店舗マネジメントができるようになって帰国するわけです。

今後の進め方は、中国の企業と提携しようと考えています。別にマジョリティを取る必要はないけれど、そこに対してこの人たちを送り込む。そしてマネジメントやシステムを提供する。パートナーシップを組むにあたってはＳＢＩの協力に期待しています。

若い頃に「欲」から卒業

北尾　普通の会社なら自分たちで土地を探して店をつくって、日本と同じように日本人を送り出して一号店、二号店と展開していく。これでは大中国で飛躍はできません。トライアルの場合、人を出してマネジメントを提供するから成功の可能性は高い。しかもスピードも速い。マイノリティでいい、自分たちの名前でなくていいというなら、一挙に広がる。しかも中国でうまくいったら、ブラジルやインドへも拡大できる。

結局、事業を成功させるには人がいちばん。「一年の計は穀を樹うるにしかず、一〇年の計は木を樹うるにしかず、終身（一〇〇年）の計は人を樹うるにしかず」という言葉があるけれど、人をつくるシステムが構築されているから大きな仕事ができる。

永田　人がいないと、どんないいアイデアがあってもどんなにいい時期だったとしても、結局、逃がしてしまう。だから人を育てることが大切なんですね。

北尾　初めて会った時、永田さんは自分の歴史をとうとうと語ったじゃないですか。あの時僕は、この人は天命を負った人だと思ったんですよ。

永田　僕をよく知ってもらうには、どういう歴史があってこういう人間になったのか話すことがいちばんだと思ったんです。

　最初からいまのような考えを持っていたわけではなく、痛い目や理不尽な目にあったこともあります。事業を始めてすぐに成功して、二五歳ぐらいで年収一億円稼いだことや土地を売って大儲けしたことも話しました。最初はお金儲けがしたくて事業をやって、その後名誉が欲しくなる。だけどそんなこと考えていると身の丈を超えたものにまで手を出してしまう。その結果失敗して、それでようやくいちばん大切なのはお客様だということがわかったんです。

北尾　永田さんはいろんな経験をものすごく凝縮して若い頃にすべて終えている。だから本格的に事業をやろうという時には、すでに金銭欲や名誉欲から卒業していた。これが大事なことで、普通、お金や地位、名誉を卒業するのは六〇代、七〇代になってから。ところが永田さんは二〇代でそういう世界に入った。これは世のため人のために働けという天意であり、その天命を永田さんは授かっている。半生を聞いて僕はそう思いましたね。

しかも事業の進め方を聞くと、いまの時代にふさわしいやり方を行っている。ＩＴに対する考え方や人の育て方。そしてグローバルな発想。中国進出の方法も完璧です。こういう人がいなかったら日本はサバイブできない。

メディア嫌いの永田さんにこの対談に出てもらったのも、こういう経営者がいることを若い人たちに知ってもらいたかったからです。大きなスケールで、世界をまたにかけるビジネスマンに育ってもらいたい。島国的なスケールの小さい考え方や我田引水の発想を超えていかなければ、これから世界では通用しない。ぜひトライアルの生き方を若い経営者に学んでほしいと思っています。

永田　僕はいままでずっと取材は受けないと公言してきました。取引先の説明会でも、もしメディアに出たら取引を停止してもいいですよと言ってきた。でも北尾さんがおっしゃるように、僕の考え方、やり方に、若い経営者の方が少しでも触発されるならと考えてお引き受けしました。お役に立てればうれしいですね。でもこれからもメディアには当分の間、出ませんけどね（笑）。

20代で17億円の借金抱えても「起業ほど楽しいものはなし」

真田哲弥

KLab 社長

2011 年 1 月号掲載

さなだ・てつや　1964 年大阪府生まれ。関西学院大学在学中に自動車教習所を斡旋する会社リョーマを創業。大学中退後ダイヤル Q2 のコンテンツ配信会社を設立するが 1 年半で破綻。その後 ACCESS を経て 98 年サイバードを創業。2000 年サイバードの R&D 部門としてケイ・ラボラトリーを設立。04 年に独立、社名を KLab（クラブ）とした。11 年9月マザーズに上場。

KLab 株式会社

2000 年 8 月設立

事業内容　携帯電話やスマートフォン向けのソーシャルゲームの開発し、mixi、モバゲー、GREE 等のプラットフォームに提供している。このほか、クラウドビジネスのインフラ提供やSI 事業、さらには人材サービスも手がけている。

2011 年 9 月東証マザーズ上場

http://www.klab.jp/

17億円の借金を完済

北尾　真田さんは一九歳でリョーマを大阪につくってますよね。

真田　そうです。運転免許の合宿の途中にスキーができないかというところから発想した自動車教習所を斡旋する会社でした。

北尾　孫正義・ソフトバンク社長がやはり一九歳の時に会社をつくってるんです。しかも孫さんも坂本龍馬好き。だから因縁のようなものを感じます。そのリョーマを退いて東京に出て来る時に、わざわざ龍馬が脱藩した日を選んだそうですね。

真田　ええリョーマは人に任せて、それで当時NTTがやっていたダイヤルQ²を使った情報提供サービスを行うダイヤル・キュー・ネットワークを立ち上げました。

北尾　リョーマは赤字だったわけでもなんでもないでしょう。それなのにすーっと身を引いて新しいことをやろうというのがユニークですね。その会社確か最初ものすごい勢いで伸びていたはずなのに、一年半でつぶれたでしょう。なんでダメになってしまったの？

真田　完全に経営判断が下手すぎました。過剰投資です。当時は通信料が市内と市外でぜんぜん違っていました。しかも遠距離になればなるほど、料金はものすごく高くなる時代でした。するとどうなるか。情報料が一分三〇円だとしても、市外からかけた場合、情報料より通信料のほうが高くなってしまう。そこで利用者の利便性をよくしようと、主要都市にセンターを置いて、通信料があまりかからないようにしようと考えたわけです。そうすれば東京の人と地方の人でも通信料がそれほど変わらなくてすむ。

ところが、これをすべて借金でまかないました。そこにダイヤルQ²が社会問題化して急速に下火になった。結局事実上の倒産となり、私が連帯保証していた一七億円の借金が残りました。

北尾 だけど自己破産することなく全額返したんでしょう。たいしたものです。

真田 したくてもできなかったのが実態です。当時の銀行は担保がなければお金を貸してくれなかった。ですから設備投資をする時も、親に土下座して土地や家を担保に入れてもらってお金を引っ張ってきていました。自己破産をするのは簡単ですが、そうしたら銀行は担保を取り上げるだけです。そうなると親の住む家もなくなってしまう。そこでなんとかがんばって親に迷惑かけることなく返済しました。

北尾 それだけの失敗をしたのだからずいぶん勉強になったでしょう。

真田 若い時に失敗してよかったなと思って。もしこの齢になって失敗していたら、おそらく再起不能になったと思うんですよ。二〇代だったおかげで立ち直れた。しかもあの当時はけっこう天狗になっていました。一〇代からずっと成功していましたから、俺にできないことはないというふうに思っていました。だからあそこで失敗しなかったら、あとでもっと痛い目にあっていると思います。そういう意味であの時失敗してすごくよかった。

北尾　老子の教えに「止足の戒め」というのがあります。止まるを知る、足るを知るというのが大事で、やみくもに伸ばしていくと落とし穴が待っている。

真田　その頃はまだ財務諸表の見方もわからなかった。でも倒産したおかげで一から勉強する気になったしそのための時間もできました。しばらくおとなしくしていた間にずいぶんと勉強しました。

北尾　それにしてもよく立ち直ってきましたね。

真田　よくそう言われるんですが、立ち直れたのは、仲間、ライバル、部下だった人たちのおかげだなと思います。しばらくすると、彼らがその後入った会社が上場を始めました。グッドウィルが上場した当時の社長はダイヤルQ²の時の部下でしたし、GMOのナンバー2は、僕がリョーマを託した人間です。自分の周りにいた人間がどんどんIPOをやり始めて、僕は一人置いてきぼりになった気分でした。僕からすると、あいつらができるなら自分ならもっとできる（笑）。おかげで諦めることができなくて、最後までがんばれたんだと思いますね。

北尾　ダイヤルQ²というのは一時的にはよかったとしても、いつまでもうまくいくようなビジネスモデルではなかったように思います。あの環境、あのタイミングだからこそ時流にのることができたけれど、遅かれ早かれ最後はダメになる。だとしたら早く失敗して勉強する機会を得られたのはよかったですよ。ある意味非常に運が強い。

真田　本当にそう思います。

起業家仲間は身を助く

北尾　その後、ACCESSに入って技術の勉強を始めるでしょう。普通、起業した人、しかも一九歳の時から社長をやっていた人は、なかなか大組織に入ることができない。そもそもそういう発想がないんですね。でもその道を選んだというのは、ある意味とても謙虚なのだと思います。その謙虚さがあったから、どん底まで落ちても次の運をつかむことができたんですよ。

真田　ACCESSに入ったことは大きかったですね。まず、あそこで技術を学ぶことができた。技術的な勘がいったん身につくと、技術から離れていてもなんとなく勘は働くものです。それが役に立っています。

それと、ACCESSに入ったのは三三歳の時ですが、ここで初めて人に使われる立場を経験した。いままで社長の立場か、そうでなければ一人でやるかどっちかしか経験していないから、使われる側の立場を知りませんでした。ACCESS社長の荒川（亨）さんも若かったから、はげしかった。社員に対する要求も厳しかった。でもおかげで、下にいるとこんなに辛いんだということがわかった。それを知ったことで次のリーダーシップが変わりましたね。

北尾　それもいい経験だね。一回使われれば、下で働く人の気持ちがわかるようになりますからね。うちの社外取締役を務めていただいている夏野さん（剛・iモードの生みの親）ともサイバード時代に知り合ったんでしょう。

真田　いえ、出会いは古いんですよ。彼と僕は同い年なんですが、彼がまだ東京ガスに勤めていた時に勉強会で知り合い、プライベートでも遊ぶようになりました。彼の結婚式の二次会の司会を僕がやり、相当親しかった。ところが彼がアメリカ留学している間に僕の会社がつぶれて音信不通になっていました。

iモードが始まる時に、僕は技術担当者としてドコモに通っていました。だけどそのうちiモードのビジネスモデルに興味がわいてきて、担当者を紹介してもらったんです。そこに出てきたのが夏野さんでした。人生のうちに何回か、神が降りてくることがあるとして、その一回があの時でした。

当時の僕はiモードを自分でやるためにACCESSを辞めようか悩んでいました。だからこそビジネスモデルを確認したいと思ったんですが、そこに夏野さんが出てきた。その瞬間、僕は独立することを決めました。運命を感じましたね。これは神が夏野と会わせてくれたと思いました。

北尾　それでサイバードを設立したわけだけれど、結局そこからもいまのKLabにつながる社内分社をつくって独立しています。サイバードでずっとやるという選択肢もあったでしょう。

真田　ある程度までやった、燃え尽きたといった感じはありましたね。それともう一つ、サイバードにおける僕の立場は微妙でした。僕としては、ビジネスプランの立案からドコモとの契約までサイバードの立ち上げは自分自身がやったという自負がありました。だけど対外的には社長の堀主知ロバートが全部自分でやったことになっていた。僕は自分がやったことを人に話すこともできない、そういうポジションで仕事をすることに疲れてしまったんです。幸い上場も果たしたし、やるだけのことはやったからもうこのへんでいいや、ということで、サイバード内に作った研究開発部門を株式会社ケイ・ラボラトリー（現ＫＬａｂ）として独立させたのです。

北尾　ＫＬａｂは一時、ＵＳＥＮの子会社になっていたでしょう。

真田　宇野さん（康秀・ＵＳＥＮ会長）とも一〇代からの知り合い。リョーマをやる一方で僕は学生のイベントサークルに所属しており、宇野さんも東京で同じようなことをやっていた。僕は大阪にいたけれど、時々東京に出ては宇野さんたちと会っていました。ＫＬａｂとして独立した時、宇野さんから手伝ってくれないかといわれＵＳＥＮグループに入りました。

北尾　ベンチャー起業家同士のネットワークは刺激になるでしょう。助けたり助けられたり。けっこう役に立つ。ベンチャー起業家になろうという人はこういうネットワークをつくる努力をしなければいけませんね。

真田　社長には相談できる相手がいません。会社の中には部下しかいないわけですから。その点、社長仲間がいれば聞くことができる。こんな時ほかの会社はどうしてるんだろうとか、役員の給料どうやって決めてるんだろうとか。でも社長仲間も大事ですが、北尾さんのような先輩経営者も大切です。自分の前をずっと歩いてくれていますから、何かあったらその経験を聞くことができる。社長仲間もいない、先輩もいないとなったら、自分一人出歩いていかなければなりません。これはきついと思いますね。

憧れの存在の経営者に

北尾　最近の若い人で起業しようという気概を持っている人が少なくなっています。それだけ世の中が豊かになったということだろうけれど、残念ですね。

真田　起業する人が減って廃業する人が増えていますから、会社の数がどんどん減ってきている。会社の数が増えなければ大きな会社が育つ可能性も減るわけで、本当に危機的です。学生の採用面接をしていると、一時期はベンチャー志向のある学生が一定数いて、自分も起業したいからそれまで修業させてほしいという学生がいたんですが、最近そういう学生がめっきり減っています。しかも優秀な人がそういうことを志さなくなってしまった。量的にも質的にも両方で減ってきています。

北尾　戦後教育の影響もあると思いますよ。男は男らしさを失い、女性は女性らしさを失った。男らしさとは陰陽で見ると陽で、発展していく。それが中性化し草食男子ばかりになれば、民族が弱体化してしまう。しかも親の脛ばかりかじって、自分でなんとかしようという考えがない。就職浪人ぐらいなら、中国にでも出稼ぎにいけばいい。昔ならブラジルや満州に出かけていった。いまはそれがない。

真田　日本人の価値観がきれいになりすぎたように思います。がつがつ金儲けすることがかっこ悪いと思う人が増えている。だから優秀な学生がソーシャルアントレプレナーになり、世の中のためにNGOだNPOをつくると言ったりする。でも、待てよと。まず稼いでから余力でやれよ、と思ってしまう。人の役に立ちたいというけれど、まず社会が発展してからの話です。だからまず稼げと言いたいですね。若いうちは一旗揚げて、いいクルマに乗り、いい女を自分のものにしたいぐらい思わない男はダメだと思うんですよ。

北尾　真田さんは大学を出て就職しようとは考えなかったんですか。

真田　最初からなかったですね。野球をやっている人なら僕らの世代だと長島さん王さんがヒーローで、それを見てかっこいい、ああなりたいと憧れるわけです。僕が大学生の時のヒーローは孫さんだったり南部さん（靖之・パソナ社長）だったり。そういう人に憧れて、講演を聞きに行って一番前に陣取っていました。学生の時からビジネスを始めたのも自分もその人たちのようになりたいと考えたからです。起業家を増やすなら、子供たちが中高生ぐらいになって自分の人生を考え始める時に、経営者がヒーローになっていないといけないと思います。
ところがマスコミは、経営者の悪いところばかり暴いて、金儲けしているのはこんなに悪いやつという書き方しかしないんですよ。これは政治家に対しても同じで、人の悪いところばかりをあげつらう。これでは政治家や起業家になりたいと憧れる人は出てこないと思うんです。経営者として成功したら、お金持ちになってプール付きの家ぐらいに住んで、後に続く人に、自分もそうなりたいと思わせないといけないのに、成功したからにはきっと陰で悪いことをしているに違いないという報道をする。完全に妬みの社会です。

やっぱり社長は楽しい

北尾　アメリカはサクセスストーリーに対して一般の人も拍手喝采する。ただし成功すればするほど社会貢献もする。その点日本は、おっしゃるとおり妬み、そねみの世界です。もう少し成功者に拍手を送ってしかるべきですね。

真田　いまの若い経営者までもが、メディアに出たりすると足を引っ張られると思って出なくなっています。僕らはオフィスが六本木ヒルズにあるというだけで、あそこにオフィスがあるのはだいたい悪いことをやっていると詮索されてしまう。

北尾　国内で起業する人が減っているから、私どもはどんどん海外に行っている。日本を代表するベンチャーキャピタルが日本のベンチャー企業への投資を減らし、海外投資をどんどん増やしているのが現状です。

真田　社長をやるということは、やっぱり楽しいんですよ。自分がさぼったりいい加減なことをすると会社がおかしくなるというそのスリルのようなものがあるから、その分責任感も伴い、仕事が楽しくなる。自分が適当にやろうが頑張ろうが大勢に影響ない仕事なんかやっていて楽しくないでしょう。自分がいてもいなくてもいいというのでは人生を無駄にしていると思いますね。ただ最近はそう感じない人が多いのが問題なんですが。でも、人生で起きている時間のうち、いちばん長くしているのは何かといえば、間違いなく仕事です。その仕事を楽しくするか、いやいやするかで人生はまるで違ってくるはずです。

それと、みんなが言わないから僕は意図的に言うようにしていますけれど、社長になればお金がたくさんもらえます。それもやったらやっただけ入ってくる。大会社のサラリーマンでもいい暮らしができているかもしれないけれど、もっといい暮らしができる。

北尾　だからこそ、真田さんのような人にもっと頑張ってもらわないと。今後もっと発展して、起業の素晴らしさを伝えてほしいですね。でも今度は、あっさり身を引いてはダメですよ（笑）。一生の仕事として続けてほしいですね。

フィリピン人による介護支援
元リクルートの「人材開国」

宮下幸治

アイ・ピー・エス社長

2011年2月号掲載

みやした・こうじ　1965年生まれ、和歌山県出身。リクルートに87年から89年まで在籍して情報誌・通信事業を担当する。91年にアイ・ピー・エスを設立。在日外国人向け国際電話サービスや物販、フィリピンのテレビ番組の放送を手がける。2005年在日外国人向けの介護ヘルパー講習を行うために東京ケアギバーアカデミーを開校。翌年には在日フィリピン人の介護人材派遣事業を開始、07年には人材紹介業を始める。

株式会社アイ・ピー・エス

1991 年 10 月設立

事業内容　在日外国人向けの国際電話サービス、国内法人向けのデータセンター事業、国際通信ネットワークの提供、在日外国人向けの新聞媒体・CS 放送制作と広告取扱い、在日外国人向けヘルパー養成学校運営及び卒業生の介護施設への派遣・紹介、国内法人向けの海外進出支援、自社化粧品の通信販売。

http://ipsism.co.jp/

北尾家のハウスキーパー

北尾　私の家にはフィリピンの人が掃除に来てくれています。週三回、掃除に来てくれる。もし彼女がいなかったら、我が家はどうしようもないというほど頼っています。日本人のハウスキーパーも頼んだことはありますが、ほとんど皆六〇歳以上の人ばかり。そうなると力仕事をまかせるわけにはいかない。その点、フィリピンの人は若いから力のいることも頼むことができる。

しかもフィリピン人の場合、ほとんどが敬虔なクリスチャンですから献身的で一生懸命。宮下さんの会社は在日フィリピン人を介護スタッフとして養成・派遣・紹介していますが、本当にフィリピンの人は介護に向いていると思いますね。

宮下　フィリピン人というのはホスピタリティ精神に富んでいて非常に優しいから、こういう仕事に向いているんですね。それに最近、日本では核家族で育った人が多いですが、フィリピンは大家族で生活している人が多い。日本人よりも高齢者の接し方に慣れているし、優しい。ですから評価も高いですね。

北尾　宮下さんは元リクルートの社員です。それがどうしてこうしたビジネスを思いついたんですか。

宮下　私がリクルートにいたのはバブル時代です。この時はどこも人手不足で、中でもプログラマーは引く手あまたで全然足りなかった。一人当たりの採用コストが数百万円にもなっていた時代もありました。そこでクライアントから、英語ができればいいから外国人の技術者を採用したいというリクエストがあったのです。だったら外国人の人材ビジネスができないかと考えて、リクルートを辞めＩＰＳをつくりました。ＩＰＳは、International Placement Service の略で、日本語でいうと国際人材案内所です。

ところがバブル経済が破裂、景気が低迷して外国人を採用するという時代ではなくなった。外国人を使うというニーズそのものがなくなってしまっていました。でも起業したからにはとりあえず食べていかなければいけない。そこで在日外国人向けの国際電話サービスだとか、在日外国人が必ず日本で生活するにあたり必要な商材を販売したりしてきました。その結果、最終的にマーケットとして残ったのが東南アジアで、中でも、在日の方が圧倒的に多かったのがフィリピンでした。日本に住むフィリピン人は二〇万人に達します。うち一三万人が、日本人男性と結婚した女性です。

そこで彼女たちが必要なサービスを提供したり、フィリピンのテレビ番組を放送するなどの事業を行ってきたのですが、それほどマーケット規模が伸びなかった。その原因を分析したところ、所得が原因だということがわかった。日本人には東南アジアに対する偏見や先入観があって、彼女たちが働きたくてもなかなか勤め先が見つからない。あるいは日本人と結婚したけれど結婚生活がうまくいかずに母子家庭になった家庭も多い。五年で半分ぐらい離婚してしまっているのが現状です。しかも仕事もない。彼女たちに仕事をしてもらうにはどうしたらいいかと考えた結果、介護サービスなどがその受け皿になってもらえると思ったのです。もちろん仕事を得て収入が増えれば、私どもが扱っているサービスを利用していただけるという循環ができるという狙いもありました。

北尾　日本とフィリピンはＥＰＡ（経済連携協定＝自由貿易協定に加え、人の移動など貿易以外の分野を含む包括的協定）を結んでいます。それに基づいて看護師や介護士を受け入れていますね。

宮下　ええ。ＥＰＡの締結により、政府が二年で一〇〇〇人、うち介護福祉士六〇〇人、看護師四〇〇人をインドネシアとフィリピンから受け入れるというプログラムです。現地で介護や看護の資格を取った人ばかりです。ＥＰＡの話を聞いて、海外から受け入れるというのも当然一つの流れではあるものの、私自身は海外から連れてくるより日本国内に仕事を求めている大勢のフィリピン人がいる。ならばこの人たちも活用すればいいと思い、このビジネスを始めました。

ホスピタリティに自信あり

北尾　ＥＰＡでは資格を持った人に来てもらっていますが、宮下さんのところでは資格を取るところから始めるわけでしょう。教育が大変ですね。

宮下　介護スタッフの人材育成は、東京ケアギバーアカデミーというところで行っているのですが、ここで受講すればホームヘルパー2級の資格を取ることができます。都の規定では、一三〇時間の講座が必要ですが、それと加えて、日本のマナーや、業務の申し送りのために最低限必要なひらがなとカタカナだけは読み書きができるよう教えます。これまでアカデミーの卒業生が三八〇〇人。彼らを受け入れてくれた法人数が三四〇施設ぐらい。紹介させていただいた人数は八二〇人から八三〇人です。

北尾　私はうちにきているハウスキーパーに対する満足度は非常に高いけれど、介護の現場の評価はどうですか。

宮下　一度使っていただいた介護施設などでは非常に評価が高く、最初、一人を受け入れたけれど、もう一人雇いたいというところも増えています。ただ、最初はなかなか大変でした。

大手の有料老人ホームなどでは施設展開が速いため介護する人が追いつかない。だから外国人介護士の受け入れも早かったのですが、逆に小さい施設になればなるほど、外国人はダメというところがいまでも非常に多い。外国人でもかまわないと言っていながら、完全な日本語が話せなければならないとか、日本人とどれだけ近いかを基準にしている。そこを見直してもらうには、我々が啓蒙活動をして変えていかなければいけないと思っています。

北尾　日本語はどの程度、話せるんですか。

宮下　ほとんどの人は日本人の夫と、その間に子供がいますから、日常会話として日本語を使っています。だから日本人の話すことはほぼ理解はできます。だけど漢字の読み書きができるかというと、なかなかむずかしい。けれど施設の中にはそれを求めるところが案外多い。こちらがびっくりするほどです。漢字を書けないので時間がかかるというクレームをいただくこともあります。

だけど、これは施設の経営者へのお願いなんですが、もっとフィリピンの人たちのホスピタリティなどいいところを利用して、不得意なところは工夫して補完してほしいと考えています。実際、オペレーションを少し工夫するだけでうまくいったという成功事例もたくさんあります。ですから、受け入れる施設の経営者も覚悟をしていただきたい。そのために営業の人間と一緒に私も行って、経営者にそのことも含めてよろしくお願いしますと言っています。これは一種の啓蒙活動です。でもそうやって採用していただいたところは、非常にいいと評価していただいているケースも多くあります。

これである一定の信頼を得られれば、そこから一歩進んで、海外から人材を求めるようになるのではないかと考えています。そうなれば我が社のビジネスチャンスはさらに広がります。

北尾　外国人に仕事を斡旋するとなると、これだけ日本の失業率が高止まりしていて、大学就職内定率が六〇%を切っているのになんだ、という声も出る。だけど、日本人の若い人は介護などの職業に就こうとしない。それだったら親の脛を齧るという若者がいっぱいいる。ところが片方に、日本で働きたい、介護ビジネスも厭わないという人がたくさんいる。その人たちに働いてもらったからといって日本人の若者の雇用が減ることとはまったく関係ない。だからどんどん受け入れていけばいいんです。そういう意味でこのＩＰＳのビジネスは時流に乗っていると思いますね。これからどんどん舞台が広がっていく。

宮下　ところが問題もあります。先ほどＥＰＡの話が出ましたが、働いている期間中に日本の試験に受からないと帰国しないといけない。最初にインドネシアから来た看護師は、今年度の試験が最後となりますが、これまで看護師試験に受かったのは三人しかいない。彼らは本国で資格を取っているのに、日本ではむずかしい日本語で試験を受けなければならない。そのため合格するのがむずかしい。だから、せっかく日本で経験を積んだのに、このままではほとんどが帰らなければならないんです。もしそんなことをしたら、今後、日本に来たいなんて人はいなくなる。すでにその傾向は出始めています。オーストラリアとかカナダなどでは、優秀なフィリピンの人たちの取り合いが起こっている。海外では、優秀な人材の獲得合戦になっていることを理解せず、日本はなお入国のハードルを高くしている。国として受け入れたいのかどうかがわからない。

いまこそ人材開国を

北尾　フィリピンの人たちはいろんな国で働いています。中には虐待されたりパスポートを取り上げられたりする国もあると聞きます。だけど日本ではそんなことはしない。もともと同じアジアということもあり、日本にはフィリピンの人たちに親近感を持っている人が多い。だから日本がきちんとした対応をすれば、必ず優秀な人を確保することができるはずです。なのに現実はその逆をいっています。

宮下　こんなことをしていては、日本が外国から優秀な人材を受け入れようとしても誰も来てくれない。

北尾　一〇〇人のうち三人しか残らないのではそうなってしまいますね。人が来ないということイコール日本からも出て行けないということです。双方に行き来して初めて親交が深まり日本のモノを買おうかという気にもなる。それがグローバリズムの中で生きていくということです。

いま日本は人口減少時代を迎えています。これを防ぐには外国人を受け入れるしかないのははっきりしています。アメリカは移民を受け入れているから、いまでも人口が毎年一％ずつ増えている。ヨーロッパも、減っていく状況だった国は移民を受け入れた。それによって摩擦も起きたけれど、結果的にはそれが経済成長につながっていく。ところが日本だけが人口がどんどん減っていく。ここで外国から人を受け入れていかないと、消費も落ちていくし、経済成長率も落ちていく。いいことは何もない。しかもどんどん高齢化してその面倒は誰がみればいいのか。

ＥＰＡによる受け入れにしたって、いまのようなやり方ではなく、日本政府がフィリピンやインドネシアに学校をつくり、介護と日本語を教えるべきだと思います。もちろん相手国政府の同意を得てです。そこを優秀な成績で卒業した人は、無条件で日本に受け入れる。しかもその業務を、宮下さんの会社のようなところに委託する。日本政府のやることはビザを発給するだけ。非常にシンプルです。

だから政府も宮下さんたちから実態を聞かないといけない。どんな仕事をしているのか、どれだけ給料をもらっているのか。そういう基本的なことをわかったうえで、対外的政策をどうするか、人口減少対策をどうするかを考えるべきなんです。

でも、それでも間違いなく日本も外国人を受け入れる方向に進んでいきます。ですからIPSの事業領域も、介護やベビーシッティング、ハウスキーピングから、もっと広くなる可能性もあるし、地域もフィリピンからインドネシアなどに、広がり得る。しかもASEAN諸国はこれからものすごい経済成長率が期待できる。大きな市場になります。IPSはフィリピンと日本を衛星通信で結び、コールセンターもフィリピンにあるから、そこを通じて日本のモノを売ることもできるなど、さまざまなビジネス展開が考えられますね。

宮下　僕は会社のメンバーに、僕らのビジネスは偏見突破型ビジネスだと言っています。東南アジアの人たちに対しては、今でも様々な偏見がある。それを突破できるような、風穴が開けられるようなビジネスを、フィリピンの人材ビジネスで認知されるようにまずはやっていく。そしてここがきちんとできれば、次のステップとして、取引先を拡大したい企業に代わって、マニラのコールセンターからビジネス英語に堪能なスタッフが、世界中の企業にアプローチをして取引見込み先を探す事業も始めています。

株式公開を目指す理由

北尾　注意しないといけないのは、フィリピン人の賃金を日本人より安くしたりすることです。これは搾取です。人種的偏見に基づく搾取というのは絶対にやってはいけない。そこはＩＰＳなど斡旋側が介護施設との交渉を行ってきちんとした対価をもらうことが大切です。

宮下　いま当社は株式公開に向けて準備を進めています。昔は公開しようとは考えていませんでした。だけど外国人、特に東南アジアの人材ビジネスというと、ブローカーとかプロモーターとかそういうイメージを持つ人も多いのが現実です。だけど我々はそうではない。それを証明するにはコンプライアンスをしっかりして、透明性を高めておかないといけない。そうしないと応募される方からも、受け入れる側からも信用されません。だから公開が必要なんです。

北尾　それは非常に大事ですね。ブローカーがプロフェッショナルのダンサーとして日本につれてきて、ナイトクラブで踊らせる、というのはよく聞く話です。

それに、これは日本全体の問題ですが、外国の人に下積みだけやらせるのは反対で、あらゆることを平等にやらせれば外国人はどんどん入ってくる。現状は、不景気になると真っ先にクビを切られるのは外国人労働者です。よく外国人を受け入れると治安が悪化するというでしょう。だけど、日本にいても仕事がないとなったら、犯罪を起こす確率はもっと増えてしまう。衣食足りて礼節を知るではないですが、日本人が外国人に対する接し方を変えることで変わっていく部分も多いはず。そしてそうしていかないと、日本はアジアでリーダーシップを取れません。

宮下　幸い、二〇代や三〇代前半の若い人は、外国人に対してあまり偏見を持っていない。おカネを貯めてカンボジアに学校を作ろうと考える若い人はたくさんいる。だけどその一方で商売をしようという考えがない。ものすごくきれいな人間になっていて、偏見も差別感もないけれど野心もない。そんな人が増えているように思います。

先週、カンボジアに行って思ったんですが、日本人は工場をつくるけれど、韓国人はカンボジア向けにモノを売っているのが目についた。韓国、中国が現地のリテールまで手を染めている一方で、日本は国内市場が小さくなっているにもかかわらず、海外に出るのに保守的になってしまっている。

北尾　最近の日本人はどんどん内向きになっている。商社に入っても外国で働きたくないなんて社員がいる。外国人を受け入れるのも、海外に出るのも、本当に日本人は保守的になっている。ここを変えないと、グローバリズムの中で生きていくのはむずかしいですね。

20代女性社長が開発した「落ちないピアス」

菊永英里

クリスメラ社長

2011年3月号掲載

きくなが・えり 1981年3月24日生まれ。15歳までのうち9年半をロンドン、シドニーで過ごし、2003年青山学院大学英米文学科を卒業し、ITベンチャーに入社、役員秘書などを務める。05年はずれないピアスキャッチの開発を開始、07年クリスメラを設立、代表取締役に就任。08年から発売を開始し、これまで7万個以上を売り上げた。

株式会社クリスメラ

2007年7月設立

事業内容　落ちないピアスキャッチ「クリスメラキャッチ」を開発・販売。クリスメラキャッチのこれまでの販売総数は7万個を突破し、「2011年楽天年間ランキング」では、ジュエリー・アクセサリー部門で1位に輝いた。

www.chrysmela.com/

楽天の人気商品に

北尾　菊永さんはまだ二九歳と、とてもお若い。それでいて自分で考えたピアスキャッチを販売する会社をつくったそうですね。僕はピアスのことはよくわからないけれど、このキャッチというのはどういうものなんですか。

菊永　二四歳のときに私自身ピアスを落としたんです。当時の彼にもらったもので、彼からも怒られた。でもその時に、落とした私が悪いのではなく、キャッチ（留め金）が悪いんじゃないかと思ったんですね。留め具の形が非常に原始的で、板を丸めたバネで二点の接点で止めるのが主流で、この板バネが開いてきてしまう。そこにシリコンをかぶせて耐久性を持たせていますが、シリコンも劣化して伸びたりしますので保持力が下がってしまう。そこで、落ちないキャッチができないかと、Ａ４の紙に図面を書くところから始めました。

北尾　刺すタイプだとネクタイピンがありますよね。あれは後ろから留め具で止めているんだけれど、それと同じ原理になるということ？

菊永　似たような原理です。ピンの部分を三つのボールで支えるのは一緒です。ただネクタイピンとピアスでは大きな違いが一つあります。ネクタイピンの場合、ピンの太さは一・一ミリと規格化されています。ところがピアスというのは、ピンの太さが製品によって違うんですね。そのどれにも対応できるようにしなければならない。それが大変でした。さらにネクタイピンよりピアスのほうが全然小さいですから、どうしたらいいか考える必要がありました。

北尾　それはけっこうむずかしい技術が必要だよね。落ちては困るけれど、はずそうとしたらすぐにはずれなければいけない。つくるのは大変なのでは？

菊永　そうですね。製造するところはずいぶん苦労しました。構造自体は、最初、シャープペンシルの芯はなぜ留まっているのかと考え、それを分解することから始めて、太さに対応するためにはベアリングとスプリングを組み合わせればいいことに気づいて、それを図面にしたんですが、おっしゃるように製造するのには苦労しました。

ロットが二〇〇万個から、と言う工場もありました。でも最初からそれは無理です。そこであっちこっちに話をした結果、長野県の岡谷市の工場が、五〇〇個からでもいいよ、と言ってくださった。小さい製品ですが、九つの部品からできているので、七つの会社に集まっていただいてそれぞれ部品をつくり、最後は人手で組み立てています。

北尾　人間が関与しないといけないのなら、大量生産はむずかしいでしょう。

菊永　それでも現在、月三万個までは作れる体制にはなっています。といっても、何百万というのは無理でしょうけど。

北尾　売り上げはどうですか？個数も大事だけれど、それが加速度的に増えているかどうか。

菊永　発売開始から二年半で、累計二万五〇〇〇個ですから、まだまだ小さい規模です。けれどおかげさまで最近は、毎月一〇％ずつ成長して、それもまだ加速度が増しています。楽天のショッピングモールのジュエリーランキングの上位に入ってから人気が上がっています。

北尾　製造を委託している工場は儲かっているの？

菊永　ええ。金額は小さいですが、工場にはビジネスとして成立する金額を出してほしいと最初から言ってありますから。もちろんこれでどの工場も十分食べていけるということはないですが、それでも先日、その工場の社長から、「数も毎月増えているし、うちとしても新しいものにチャレンジできてよかった。会社の士気も上がったし嬉しいことだ」と言っていただきました。

4人に3人が落とした経験

北尾　この商品のマーケットはどのくらい考えられるんだろう。最近はそうでもないけれど、まだ大半の男性はピアスをしない。女性でもピアスの穴は開けずにイヤリング派の人も多いでしょう。

菊永　日本ではピアスをつけている女性は三三％といわれています。一〇代二〇代だと五〇％を超えてくるけれど、四〇代五〇代は落ちてきます。ただ三三％というのは一〇年前の調査で、さらにその一〇年前の調査で一七％でしたから、いまはもっと多いでしょうね。

北尾　以前海外に行った時、母親にクリップ式のイヤリングを買おうと思って探したら、ほとんどないんです。ピアスしか置いていない。クリップは痛くなるしピアス以上に落ちやすい。それなのに日本は例外的にピアスが少ない。なんでかというと、「身体髪膚、これを父母に受く、あえて毀傷せざるは孝の始め也」という儒教的な教えが生きているのだと思います。でも、これからはピアスをする人が増えていくかもしれませんが、問題は、そのうちどのくらいの人がピアスを落として困った経験があるかどうか。

菊永　これは当社の調べたアンケートですが、一〇〇〇人の女性に聞いたところ、四人に三人がピアスをなくしたことがあります。しかも全体の中の六一％の人は何回もなくしている。だから多くの女性は、ピアスはなくすものと思っていて、高いピアスは買わない、大事なものは身につけないでしまっておくと言うんです。でもこれって、アクセサリーとして本末転倒ですよね。その不安を解決してくれるキャッチは、すごい小さい市場に見えて、案外大きいのではないかと思っています。

ただ、いままでピアスの留め金は商品じゃなく付属品でした。買いにいこうという意識がなくて、なくした時には新しいピアスを買うか、落ち込んでつけなくなるかどちらかです。だからこそ、落ちないピアスキャッチの市場をまずつくっていかなければならないと思っています。

北尾　宝飾店に行って、「ピアスを売る時に付属品として一緒に売ってください。これをつけたら落ちませんよ。しかも簡単にはずすことができる」、といえば売れると思う。チェーン展開している宝飾店で、簡単なプロモーションマニュアルを渡して店員さんに売ってもらう。すべての人にこのキャッチを認識してもらおうとするとプロモーションコストもかかるし効率が悪い。ところが、宝飾店が「このピアスは多少高いけれど、このキャッチを一緒に買えば落とす心配はありません、いかがですか」と、ピアスを売るために利用すれば効率よく売れると思いますね。

菊永　おっしゃるとおりで、実際宝石屋さんではピアスキャッチ自体をメインに売っていただくのではなくて、高額なピアスを売るための仕掛けとして扱ってもらっています。クリスマス商戦でもピアスをプレゼントする時に一緒に贈ろうというプロモーションをやっていただきました。

北尾　値段はどのくらい？

菊永　定価は四九八〇円。でもだいたい四〇〇〇円台で売っています。

北尾　大事なピアスを落とさないために、そのぐらいなら一緒に買おうという人も多いはずですよ。でも宝飾店にしてみれば、ピアスを落としてくれたほうが新しいピアスを買ってくれると考えるかもしれない。

菊永　そう考えるお店もあります。実際、落とさないと売れないと言われたこともあります。でもそこで私はユーザーとの距離を感じました。私なら、そこで買ったピアスを落としたら、二度とその店では買いたくない。これがユーザーの気持ちです。ですから、その考えがわかってくれるところだけで売ってもらえればいい。そう割り切っています。

北尾　ただ、このキャッチ一つでどのピアスにも対応できるとなると、一人ひとつしか売れないかもしれない。色は何色かあるの？

菊永　シルバーとゴールド、そしてピンクゴールドの三色あります。

北尾　キャッチ自体、見てもらうようにすればいいんじゃない。

菊永　さすがですね。実はいまそれを考えていて、先日の東京コレクションで、デザイナーに考えてもらって出品しました。キャッチはピアスを留めるだけじゃない。そこも飾ろうよ、というわけです。そうすると、もし三種類のピアスとキャッチを持っていれば、組み合わせは九通りになります。

あともう一つは、今度ついにアメリカに進出します。向こうのパートナーと代理店契約を結んで販売を始めます。最初から海外展開を考えていましたから、ようやくそれが叶います。

16歳で起業を決意

北尾　それにしても、どうして自分で起業しようと考えたんですか。

菊永　銀行員だった父の赴任先のオーストラリアに一五歳までいたのですが、受験で帰国したんですね。帰ったはいいけれど、電車に乗れない自分に直面したんです。一人で切符も買えなくて、どうやって生きていこうかと自分の人生について考えるようになりました。で、まずは自分ができること探さなきゃと思ったのですが、家が厳しくてアルバイトは禁止。ならば内職で仕事をしようとアクセサリーを作り始めたわけです。最初はデザインの決まっているものをつくって、一つ作ると二五〇円になりました。

ところがそのうち、自分でデザインして、それを母がつけて外出すると、「それいいわね」と言って母の友達がそれを買ってくれる。これまで一個二五〇円だったのが一五〇〇円で売れたんですね。つまり、自分でデザインするという付加価値をつけることによって単価が変わるわけです。その発見が新しかった。これが一六歳の時です。

北尾 お金を儲けるのが単純に楽しかった？　それとも価値を作り出すことが楽しかった？

菊永 お金を儲けるより、自分が何かを追加することによって物自体の価値が上がることですね。組み合わせを変えてみたり、こうすれば喜ばれる、あるいはこんなものがはやるだろうな、と予想するのが楽しくて。

北尾 最初がアクセサリーだから、ピアスのキャッチに結びついた？

菊永 全然関係ありません。それがきっかけでビジネスに興味を持って、自分でビジネスをしようと考えました。それも二五歳までに会社をつくろうと。一六歳の時には最初の事業計画書を作って父に見てもらいました。やはりアクセサリーに関するものでしたが、それを見た父に「君はデザインに強みがあるんだっけ」と。「ない」と答えたら、父に「それなら、自分の時給を考えた場合、ある程度まではいくだろうけれど、それ以上にはいかないよ」と言われたんですね。

そこで、自分の時給を超えるビジネスとはなんだろう、と考え始めて、多岐にわたるビジネスの事業計画書を、父親に九年間にわたって出し続けました。そして二四歳の時にこのキャッチを考えて、その事業計画書を出したところ、父から「これなら日本だけでなく海外展開してもそこそこおもしろいんじゃないか。これは時給を超えたビジネスだ」と言われ、これをやろうと決めました。

北尾　あなたのお父さんは面白いね。それにしても、なんで二五歳で起業することに？

菊永　結局、会社をつくったのは二六歳だったんですが、二五歳までと決めたのは、三〇歳で子供を産みたかったんです。その時までに会社を安定させるために五年は必要だから二五歳というわけです。

北尾　なんで子供が欲しいの？　いまは晩婚が増えているし、子供は欲しくないという人もいっぱいいる。むしろ三〇歳で産みたいというほうが珍しい。

菊永　五〇歳の時に、「産んでおけばよかった」と思いたくない。私は家庭的な部分より働いているほうが好きなので、気づいたら五〇歳というのはすごいありうると思ったんですね。その時に悔やむのは嫌だった。だから、二五歳で独立、三〇歳で出産ということを自分で決めて、その通りに生きていこうとしたんです。

対談当日に見事婚約

北尾　非常に計画的ですね。孫さんは一九歳の時に六〇代までの人生五〇年計画をつくっているけれど、それとよく似ている。

菊永　自分の人生で選択したことが一五歳までなかったんですよ。父親が転勤になると、それまで築いた人間関係もゼロになる。来月はどこに行く。今度は日本に帰るぞ。そうすると自分で人生を決める意味がなくなるんですね。それが一五歳で帰国して、その時初めて自分の人生は選べるのかもしれないと思ったんです。それ以来、自分の人生は全部自分で選ぶようにしています。普通は何でもできるじゃないですか。私は電車にも乗れなかった。だから自分で決めていかないと生きていけないと思ったんです。

北尾　まさに立命だね。命を立てる。自分で自分の運命を切り開く。

だけど来年三〇歳でしょう。その目標は達成できそうですか？　その前にパートナーを探さなきゃいけないじゃない？

菊永　それがですね、ようやく見つかりまして、イブの今日、これから二人で指輪を買いに行きます。

北尾　パートナーは今どういう人？

菊永　五つ年下なんですよ。子供を育てるのは片手間ではできないことは、姉なんかを見ていて思っていたので、このパートナーにはうちの会社に入ってもらって一緒に経営をしていきます。去年の一〇月からうちに来てもらって、お互い修業しているところです。

会社に入ってもらうことは、最初に四ヵ月間話し合って決めました。私は次は結婚したい人と付き合いたいし、こういう人生を送りたいから同意してくれるならお付き合いしますと。それが一年ぐらい前のこと。そこまでの覚悟を二四歳でできるのかと言いましたが、そのうえでお付き合いをしてくださったので。婚約もスムーズにいきました。

北尾　でもこれからは自分で思うように行かないことも増えてくる。僕自身のことを考えても、仕事は努力すれば考えたとおりにできたけど、結婚は天のなせるわざ、ご縁という気がします。だからこれから先のことは計画どおりにいかないかもしれない。自分の仕事については、ああしようこうしようと計画的にできると思うけど、子供はできないかもしれないし、できすぎちゃうかもしれないし、それは天意です。

菊永　もちろん計画は変わってくるでしょうけれど、そうしたら見直してまた決めようと考えています。そしていまの製品はピアスキャッチだけですが、出産して落ち着いたら、次のアイデアを商品化しようと考えています。

中国人起業家が見た“不思議の国ニッポン”

楊　鳴一

上海聯都実業社長

2011年4月号掲載

Yang Ming Yi（ヤン・ミンイ）　1976年生まれ。上海復旦大学より東京大学経済学部に留学。2000年大学卒業後、マッキンゼー・アンド・カンパニーの内定を辞退し、日本でユナイテッドシテイズドットコムジャパンを設立、アジア市場向け日本商品のECサイトを運営。02年上海聯都投資諮詢有限公司を設立、中国でクレジットカード販売を手がける。04年UCJを設立、翌年、中国富裕層向けショッピングモール「UCモール」をオープンした。

上海聯都実業有限公司

2002年6月設立

事業内容　2002年上海にて成立。金融・消費サービスを提供してきた。特に、金融サービスソリューション、マーケティングソリューション、販売ソリューション三つのプラットフォームを整合させ、中国の消費者マーケットにおいて、リーディングカンパニーを目指す。

http://www.united-cities.com

富裕層をデータベース化

北尾　お久しぶりです。相変わらず調子はいいようですね。

楊　二〇一〇年の売り上げは、〇九年に比べて五割以上伸びました。一億元の売り上げが一億六〇〇〇万元になりましたから。利益も同じように伸びています。

北尾　中国のクレジットカードの普及率は五％くらいのものでしょう。人口が一三億人いることを考えると、これからものすごく伸びる余地がある。

楊　中国には銀聯カードという二一億枚も発行されている世界最大のカードブランドがあります。VISA、マスターで一七億〜一八億枚ですから。ですけど、ほとんどの銀聯カードはデビットカード。つまりキャッシュカードのようなものです。クレジットカードとなると、まだまだ少ない。やはり中産階級以上に限られてしまいます。

いま中国の中産階級は八〇〇〇万人から一億人いると言われています。そしてクレジットカードの発行枚数は二億枚です。ただし、カードを持っている人は一人あたり平均三・一四枚持っていますので、カード人口は六〇〇〇万人くらいになる。つまりカード普及率は、ご指摘のように五％ということです。だけど中国の中産階級はこれからどんどん伸びていきますから、カード発行枚数も伸びる可能性は非常に大きい。私たちの売り上げも、今年、来年と、年率七〇～八〇％ほど伸びると考えています。

北尾　しかも着眼点が面白い。単にクレジットカードを発行するだけでなく、利用者をどう組織化するか、店をどう組織化するまで戦略的に考えています。

楊　カードの発行は銀行とアライアンスを組んでやっています。発行枚数と決済金額に応じた収入を得ていますが、実はカードは我々にとって切り口にすぎません。カードの利用者、加盟店を組織化して、自社のプラットフォームを構築したところに我々の強みがあります。二〇〇四年からカード利用者によるUCクラブという会員組織をつくり始めて、昨年末までに約八〇〇万人弱の会員が集まりました。

これをデータベース化する。彼らがどういう消費をしているか、どういうお店にいっているかを把握しているので、そのデータベースを使ったマーケティングソリューションを、保険、化粧品、自動車、不動産というようなクライアントに提供しています。今ではこのマーケティングソリューションビジネスが、収益の四割強を占めるまでになりました。ここまで非常に順調に伸びてきています。

北尾　マーケティングソリューションのクライアントは海外の企業が多いんでしょう。

楊　最初の頃は日本の企業をはじめ、海外の企業から予算をいただいていたのですが、ここ数年で逆転しています。というのも、最近は中国国内企業のクライアントが圧倒的に増えて、外資にしても中国に完全に根を下ろしている企業ばかりです。そうしたところが、データベースマーケティングに大きな予算をかけています。

北尾　中国にはキャッシュリッチな会社がたくさんありますからね。しかも近代的マーケティング手法を取り入れようと努力している。

それにしても楊さんは東京大学に留学されているでしょう。それからどうやってこのビジネスにたどりついたの？

楊　高校時代から大学は海外で勉強しようと決めていました。

私の場合、親がずっと日本にかかわる仕事をしていたため、海外の情報に関していちばんよく知ることができたのは日本です。そこで日本に来たわけです。

東大を卒業したあと、実は日本で一度ビジネスを立ち上げています。二〇〇〇年のことですが、これはオンラインのショッピングモールで、日本の商品を台湾に売ろうというものでした。ところが一年間やってみたものの、結果的にはうまくいかなかった。その原因を分析すると、いろんなことがわかってきた。まず、大学を卒業したてでしたからリソースもないし経験も不足していた。

そして最大の要因だと思われたのは、台湾のマーケットではカード決済ができなかったことです。さらには台湾において会員を集めることができなかった。この二つの理由が非常に大きかった。B

2Cでサービス、商品を売ろうとしたときに、決済と、会員のデータベースは必要不可欠だと痛感した。それが今に活きてます。

〇一年に私は上海に戻ったのですが、運のいいことに、中国で金融ビッグバンが始まった。これによって、それまで銀行しかできなかった業務の一部をアウトソーシングできるようになった。その一つがクレジットカードの発行です。そこで私は農業銀行とアライアンスを組んで、クレジットカードを発行することにしたのです。今ではアライアンスを組んでいる銀行は一〇行以上になります。だけど、日本など先進国の経験を見ていくと、単にカードを発行するだけでいいとは考えなかった。集めた会員はみな中産階級のお金持ちです。これを組織化すれば大きな財産になると思って、今の事業を構築したのです。

目指せ日中の懸け橋

北尾　いま中国企業の時価総額トップ10をみると半分以上を金融関係、つまり銀行や保険会社が締めています。どこの国でもそうですが、高成長期のどこかの時点から、他のインダストリーセクターより金融セクターの時価総額が大きくなる。金融は民間企業に血液を流すような役割を担っていますから、民間企業が成長するには血液がどんどん必要。そういう意味で、金融業に入っていった目のつけどころがよかった。そして金融業に進出するにあたりクレジットカードから入ったのには、僕もなるほどと感心しました。

楊　いい時代に生まれたな、とは思いますね。

北尾　僕は楊さんにものすごく期待しています。というのも、中国の法制度はこれからも変わっていくはずで、そうなると今までできなかったことができるようになる。その一つがオンラインバンキングです。これをぜひ、楊さんにはやってほしい。

中国の都市部のインターネットユーザーは四二％と言われています。そして今中国ではものすごい勢いで都市化が進んでいます。

一九九〇年当時は人口の都市比率が二五％だったのに、いまでは四五％となり、二〇三〇年までに七〇％を超えるであろうという推測があります。なぜかというと、中国では都市部と農村部の所得格差が三・五倍もあると言われているからです。この格差がさらに拡大すると社会不安を起こす可能性がある。だから中国政府はこの格差を解消するために都市化を進めている。

そして都市化が進めば、インターネットユーザーがどんどん増える。現に上海など都市部では、スマートフォンが驚くほど普及しています。だからやがてオンラインバンクが認められるようになると、楊さんが組織した現在八〇〇万、しかも今も増加し続けている会員のベースがそのまま使える。カードと銀行事業が一体化できる。そうなると、より一層このグループは飛躍すると僕はみてる。

います。

そしてその時には、僕のところに連絡して、一緒にやらないかと、そう言ってくれるのを待っています（笑）。

楊　中国は二一世紀になってから、IT系だけでなく、自動車や金融を含め、いろんな業界がどんどん成長し、各業界でベンチャー企業が成長しています。それだけに経験やノウハウが足りないところがあります。ですから一歩先を行っていた日本などからノウハウを吸収して回り道を少なくするというのは、我々にとってもありがたいことです。

北尾　楊さんにもう一つ期待しているのは、日本と中国の懸け橋になってほしいということです。戦前は日本に留学する中国人は多かったけれど、最近はみなアメリカに行ってしまう。日本で教育を受けて、中国で起業した人というのはかなり少ない。だからこそ楊さんには、日本で学んだ人の大きな成功例になってほしい。楊さんのような方が活躍し、民間レベルで密接な関係を築くことが、本当の意味で日本と中国の距離を近くすることだと思いますね。

楊　おっしゃるとおりですね。私自身、自分のバックグラウンドが、中国で生まれて日本で学んだことにあることは十分に自覚しています。ベンチャーを立ち上げるに際しては、日本からいろんなノウハウや資金を得ています。だからこそ、日本と中国の役に立ちたいと思う気持ちは強いです。

北尾　懸け橋という意味では、日本の商品を中国に売るネットショッピングモール（UCモール）

も運営してますね。

楊　この事業は起業の初心につながるものです。日本の商品のクォリティのレベル、サービスのレベルは世界、アジアをリードしています。中国もお金持ちが増えてきましたが、まだ国内の商品・サービスだけで消費欲を満たすことはできません。日本の商品、サービスに対するニーズは堅調なところがあるので、そこはチャンスとしてクロスボーダーのモールを構築していきたいですね。

ヤフーはタオバオと組み、楽天は百度と組んで同様のサービスを開始していますが、彼らはネットから入ってる。中国のネットユーザーは四億数千万人いて世界一位と言われていますが、まだまだネットユーザーは学生が中心で、所得はそんなに高くない。その点、我々はカードホルダーから入っています。海外の商品、海外のサービスを買える人たちはネットユーザーよりクレジットカードユーザーに多い。そこがうちの強みです。

日本政府の不作為の罪

北尾　ところで、ずっと日本で上場準備を進めてきたのに、断念したそうですね。

楊　残念なことに、ここ数年、日本市場は元気がない。東京市場はアジアをリードしてきて、世界で三本の指に入っていたけれど、いまは香港、中国の市場のほうがより魅力的になっています。逆転が起きているといわざるを得ない。そこでつい最近までは日本でＩＰＯすることを考えていたのですがあきらめて、中国で上場することに決めました。

北尾　日本でのＩＰＯは、一昨年度が三四社、昨年度が一九社ときわめて少ない。これはリーマン・ショックの影響もあるけれど、だからといって、今後、回復するかというと、まだまだそういう感じではない。ある意味日本に魅力がなくなってきている。考えてみれば日本の製造業が大挙して製造拠点を海外に移している。当然のことながら日本国内の雇用は失われるから消費は回復しない。こんな状況が続いていきます。これを活力あるものにしないといけない。

アメリカは一九八〇年代に日本にこてんぱんにやられたけれど、九〇年代に入ると新しいインダストリーを次々起こして甦った。その代表がネットビジネスで、ヤフー、アマゾン、イーベイのいわゆる第一次御三家が出て、次にグーグルやユーチューブ、フェイスブックなどが出てくる。ところが日本はアメリカの後追いをしているだけです。一つ可能性があるのはバイオ技術で、ｉＰＳ細胞をいかに事業化するかは非常に大切なのに、残念ながら日本とアメリカではお金のかけ方が一桁以上違う。これじゃあ負けてしまいます。

楊　北尾さんのおっしゃるとおり、日本では上場する企業がものすごく減っていますが、中国では企業を上場させるため、政府が補助金を出したり税金を免除するなどして、手厚くサポートする。わが社は上海の浦東新区に本社がありますが、上場するとなれば、国や市など、いろんなレベルの政府が補助金を出して、最低でも一五〇〇万円もらえるし、最大八〇〇〇万円にもなる。それで上場コストはクリアできますし、税金も免除される。でも政府にしてみれば、上場企業をひとつつくれば、税収や雇用など、社会的安定要素が増えるわけですからメリット大きい。そこに政府の戦略があるわけです。

人の使い方に3つあり

北尾　中国はそういうナショナルインタレストを踏まえたお金の使い方をしている。それに引き換え日本は、子育てにどうぞ、といって子ども手当を創設している程度です。もっともひどいのはモラトリアム法ですよ。借金の返済を猶予して、つぶれる会社を存続させてしまった。これは資本主義ではありません。大切なのは新しい業界、新しい会社が出てくることなのに、日本では政府がお金を使ってゾンビ企業を生き返らせている。

どう考えても、いまある雇用を維持するのか、新しいことをやって雇用を拡大するのかとなれば新しく雇用を創造するところにお金かけたほうがいいに決まっている。それなのに、日本の政策は全部反対に動いていく。

楊　本当に不思議ですね。

北尾　日本の考え方は変わっている。日本の常識は世界の非常識。世界の常識は日本の非常識というけれど、本当にそう思いますね。でもだからこそ、日本で学んだ人が世界で活躍することが重要なんですよ。日本と世界をよく知る立場から、日本のおかしさを発言してほしい。その意味でも楊さんには大いに期待しています。

ただ注意してもらいたい点もある。楊さんは今年でまだ三五歳と非常に若い。でも若くして成功すると、金の使い方と人の使い方には一層気をつける必要がある。多くの人が成功するがゆえにここで失敗してしまう。お金を使うのは、ある意味でお金を稼ぐよりもむずかしい。いかに世のため人のために使うかが大切なんです。人の使い方も、知らず知らずのうちに傲慢になってしまうことがある。

中国では、人の使い方に三種類あると昔から言っています。一つ目はただ使うだけの「使用」、二つ目は任せて用いる「任用」、そして三番目が信用して用いる「信用」です。より大きな成長を遂げたいなら、信用できる人をいかに自分の周りにおくことができるかが大事になってくる。そのためには自分自身が人間的魅力を持たなければなりません。

楊　肝に銘じます。ただ、中国の長者番付を見ると、一〇人のうち半分ほどが三〇代です。それだけ中国のベンチャー経営者はアグレッシブです。彼らに比べれば、私にはまだまだやらなければならないことがあります。とても傲慢になるレベルではないですよ。

医者から起業家に転じた「慶應建学精神」の体現者

窪田　良

ACUCELA 会長・社長 兼 CEO

2011 年 5 月号掲載

くぼた・りょう　1966 年兵庫県出身。小学校から中学校までの 3 年間をアメリカで過ごし、91 年慶應大学医学部を卒業。虎の門病院勤務を経て 2000 年ワシントン大学医学部眼科学教室助教授に就任。02 年 ACUCELA を設立、会長・社長兼CEO を務めている。

Acucela Inc.

2002年4月設立

事業内容　本社はアメリカ・シアトル。現在、承認された治療法のないドライ型加齢黄斑変性症の治療薬を開発中。3段階ある薬剤開発で現在、米国にてフェーズ2で臨床試験を行っている。また米国にて緑内障の治療薬とドライアイの治療薬の開発も手がけている。

http://www.acucela.jp

6000万人の患者を救う

北尾　窪田さんは慶應大学医学部の大学院にいる時に緑内障の遺伝子を発見されて、慶大医学部の優秀な研究者を表彰する三四会奨励賞を受賞されています。私は自分が一時医学への道を志したからすごく関心が強いんですが、日本では目の手術の技術に優れた医者は多いけれど、細胞とか視神経で画期的業績をあげた人をほとんど知らない。

窪田　おっしゃるとおりで、手術を志向される方が多いけれど、研究を志向される方はそんなに多くありませんね。

北尾　その後ワシントン大学に移られたけれど、ここでも網膜の神経細胞を体外に出しても生き続けるという大変な発見をされている。そして次に会社をつくって網膜変性症という、いままで治療法のなかった病気の治療薬をつくるために起業までしている。これまでの経歴をみてもわかるように非常に運が強い。こういう人は必ず成功しますよ。

窪田　私は最初、臨床医でした。慶應大学時代、網膜変性症の患者さんを拝見していたことがあります。網膜剥離や白内障など、眼科にこられる多くの患者さんは手術で治すことができます。ところが変性症は手術では治らない。治療法がないんです。失明する人も多い。患者さんには、いまは治療薬はないけれど、いずれ出るかもしれませんという話を繰り返すしかありませんでした。

だけど製薬会社の人と話していても、網膜変性症に特化した薬を開発しているところはなかった。だったら、自分でできないか。もともと人がやっていないことをやってみたいという考えでしたから、アンメット・メディカル・ニーズ（有効な治療法のない医療ニーズ）領域の研究をしたいと考えて臨床医から研究医に転身しました。

北尾　網膜変性症は老化と関係がある。全世界で高齢化時代を迎えつつありますからニーズはものすごくある。たとえば網膜変性症の一つの加齢黄斑変性症の患者は世界に三〇〇〇万人と言われているそうですね。

窪田　おっしゃるように、いま世界に約三〇〇〇万人の患者がいて、二〇二五年までには六〇〇〇万人になると言われています。長寿化とともにそうなっていきます。

北尾　それだけの潜在マーケットがありながら、それを治療する薬をつくっているところがほとんどない。

窪田　僕らのようなベンチャーの存在が許されているというのは、アンメット・メディカル・ニーズという、誰もやってないことをやっているからです。大手の製薬会社のほうが資本力があり、人材も豊富です。そこと競争して勝つには、誰もやっていないことをやるしかありません。強力な知財に守られた新しい技術をもって競争する。だからこそ、そういう分野を選んで研究開発をしようと考えたわけです。

もっとも、渡米した当時は起業することは全然考えていませんでした。アカデミアで生きていくものと思っていました。ところがたまたま、私の周りにも起業した人がいて、その人たちの話を聞く中で、そういうオプションもあるかなと考えるようになりました。いちばん魅力だったのは、医薬品開発には規制がものすごくかかっていますので、規制に関する専門家も必要ですし、化学物質を合成してそれを患者さんが飲んでも問題ないことを証明するために、臨床試験や基礎研究、品質管理などの専門家も必要で、そういう人たちとチームを組めることでした。医者をやっている段階では、そのすべてに関与する総合的な創薬には携われないけれど、企業ならそれが可能です。どうせやるなら、全部責任をもってやりたい。そこで起業したわけです。

5合目までできた新薬開発

北尾　日本人の医者で、アメリカでエキスパートを集めて企業としてやっている例はほとんど皆無ですね。それを窪田さんはやっている。バイオの領域ではすごいことです。

これがインターネットの領域だったら、そこまでエキスパートを集める必要はありません。しかし創薬の場合、人命にかかわることだから、認可を取るのに膨大なステップがある。それだけエキスパートが必要になってくる。そしてこれを集めることだって簡単なことではありません。その点、窪田さんは小さい時にアメリカに渡ったこともあって、英語はもちろんのこととして、アメリカのやり方、思考方法になれている。だからこそできたんでしょうね。

本当はこういうことを日本でできるようになったらいいけれど、残念ながらそれはむずかしい。

窪田 日本ではアンメット・メディカル・ニーズという、まったく治療法のない分野で新薬を開発することは非常に困難ですね。北尾さんがおっしゃったように、創薬のためにはエキスパートによるチームをつくらなければなりません。その人材の確保がむずかしい。私のアメリカの会社には、アメリカ以外にロシア、インド、中国、韓国、イギリス、ベトナムといった国から、選りすぐりの人が集まっている。このようにベストオブベストの人が集まってつくれるというのはアメリカだからだと思います。さらにまったく新しい薬ですから、認可するにしてもその基準がそもそもない。それを一緒につくりあげていくシステムで、アメリカは日本よりはるかにすぐれています。

あるいは臨床試験をするにしても、アメリカだとボランティアがすぐに集まる。日本ではここで時間がかかってしまう。新薬は国民の利益になるという意識が浸透している。そこもアメリカのよさですね。

北尾 それだけ環境が整っていても、薬として認可されるには、まだまだ長い時間がかかる。

窪田 ちょうどいま五合目です。薬が認可されるまでには、まず有効と思われる化合物を見つけるところから始まって、前臨床のあと、フェーズ1、フェーズ2、フェーズ3と、効果と安全性を確かめていき、問題ないとなったらようやく認可されます。しかしその確率は非常に低く、一万化合物に一つともいわれています。時間も、短くて一〇年、長くて一五年、平均一二年かかりますし、開発費も平均で二〇〇〇億円かかると言われています。

そうした中、私たちが開発している薬はフェーズ2まできています。いま日々データを積み上げて、どんどん完成度を高めていっているところです。患者さんにはいろんな人がいます。肝臓機能が低下した人も腎臓機能が低下した人もいる。この薬は世界中の人に使ってほしいと思っていますから、あらゆることを想定して安全性を確認しなければなりません。すでに少数の人には効果があって安全だということはわかっています。これをどれだけ広げられるか、今後、試験していきます。

北尾　疾患を持った時に症状として目に出ることもありますからね。だから目の薬だからといってそれを飲むと全身に影響を与えることもある。だから難しいんですね。でも、だからこそ、それをクリアして開発できたら非常に価値があるものになる。

人間誰しも視力がなくなることへの恐怖はものすごく大きい。今日まで見えてきたものが明日から見えなくなるとなったら平静ではいられない。その一方で、長いこと目が見えなかった人が角膜移植手術などで急に見えたりすると、これもまたメンタル的におかしくなることもある。目から入ってくる情報があまりにも大きいから脳が順応するのに時間がかかってしまう。目というのはそれほどすごい器官なわけです。

窪田　僕は小さい頃から目が大好きだったんです。人間の目だけでなく、蛙の目から犬の目にも惹かれるものがあった。だから目に携わる仕事をしたいなとはずっと思っていました。もちろんその時々で、精神科医がいいなとか心臓外科がいいなというのはあったんですが、最終的には眼科医を選んだ。結局は目が好きだったということですね。

「天意」と「天運」

北尾　それは知らなかった（笑）。

でもここまでくるまでに、危機に陥ったりもしたそうですね。窪田さんの発見した化合物を、ハーバードの先生が同時に知財を出されたことがあったとか。日本人はそんなことをしないけれど、アメリカでは、学会でいい発表があれば、そのことについて自分で研究していなくても知財を押さえてしまおうとする人がいる。本当に気を抜けない。

窪田　当時、競争していた研究者に特許申請されました。その時はさすがにダメかと思いましたけれど、結果的にはそれが幸いしました。それを乗り越えるために研究をしていたら、最初のものよりはるかにすぐれた化合物をみつけることができた。これによって成功確率ははるかに高まりました。

北尾　こういうことが起こるのは、中国古典的な見方をすると、天が味方し、この人を通じて世のため人のためにさせよという天の意思が働いているということです。天の意思が働いている時に通常では考えられない幸運が訪れる。ノーベル賞をもらった人のケースをみても、毎日ひたすら考え続けていると、突然関係ないところでひらめいたりする。これは天が与えたインスピレーション、ひらめきなんです。

天の意思を働かせるためには私利私欲があってはなりません。窪田さんの場合だと、臨床医として毎日患者さんを診る。この人たちはいずれ目が見えなくなる、だけど薬はない。なんとかしたいという切実な思いをずっと抱き続けてきた。だからこそ、天の啓示と天の意思が反映されていくんですよ。

私はこれまでいろんな会社に投資をしてきましたが、こういう天の意思が反映されているなあと思う人で失敗した人は一人もいない。だから絶対に成功する。少なくとも成功確率は九〇％以上ある。こういうと、薬の世界で九〇％なんて言っていいのかとみんな言いますよ。だけど僕は天意を信じる。必ずそうなると思います。

窪田　いちばん最初に北尾さんに「運が強い」と言っていただきましたが、僕自身は、これまで出会った方々にものすごくサポートされてきました。北尾さんもその一人ですが、思いもしない出会いが人生の節目節目にあって、そこからインスパイアされていい方向に進んできた気がします。それを運といえば、運がいいんでしょうね。

北尾　顔も福相です。それと何かの時に掌が見えたことがあるんだけれど、太陽線がものすごく深く出ています。私は中国古典を勉強してきたから相も研究の対象になっているけれど、太陽線のはっきりしている人は社会的に成功します。それもこれまで私利私欲がなかったから。もし悪いことばかり考えていたら、顔も手も悪い相になってしまいます。

窪田　僕は直感を信じています。人間誰しもあらゆることを決断しなければいけない。そして、そういう時に絶えず正しい決断をする人とそうじゃない人がいる。僕のこれまでを振り返ると、周りから見ると非合理的な決断と思われても、そのおかげでいまがあるわけです。ですから直感を信じようと思っているのですが、これをニューロサイエンス的に説明していくと人相につながるのかもしれませんね。ですから直感で感じるものに本質的な真実はあると思いますね。

北尾　超意識の世界では、過去、現在、未来、あらゆる情報が集まっている場所がある。そしてそこに行ける人と行けない人がいて、行ける人は直観力を持つ。過去、現在、未来の情報に無意識で入っていけるわけですから。こうした考えは、仏教だけでなくキリスト教でも言っている。生き方が一番大事ですね。

窪田　もう一つ僕に何かあるとすれば、努力するのがすごく好きだということがありますね。小学校の時には通知表で2とか3しか取ったことがないほど出来が悪かった。ところがある先生との出会いによって、勉強というのはすごく自分のためになる、努力することでまるで違う自分になれるということに気がついて、努力するのが楽しくなった。苦しいけれど必ず次に一歩前進することができる。ですから、苦労が多ければ多いほど、目の前の困難が大きければ大きいほど、よし、これを乗り越えたら新しい世界が開けるんだろうなと信じ込めます。

幸い僕は健康に恵まれている。それ以外にもいろんな意味で恵まれている。だったら努力しないのは世の中に申し訳ない。せっかく一人の人間として命を授かったのなら、迷惑かけるより世の中の役に立ちたい。

人と違う道を行く

北尾　非常に健全な考え方です。若いのにこれだけ健全な考えを持っている人は、そうはいません。

窪田　僕は人と違うことをやって、新しい価値を生み出して、人に、僕がいてくれてよかったって思ってもらいたい一心で行動してきました。慶應大学に残るという選択肢もあったかもしれませんが、大学で研究を続けるのもいいけれど、僕以外に優秀な人はたくさんいる。だったらそこにいるより、私にしかできないことをやれるチャンスはないかと常に考えてきました。研究のテーマを選択する時も、自分のキャリアを選択する時も、人のまずやらないことをやる。それが判断基準になっています。自信も能力もないから、競争するのを避けたのかもしれませんが（笑）。

周りからは、そんな馬鹿なことをやってどうするんだとよく言われました。会社を興した時も、頭がおかしくなったんじゃないかと言われたし、渡米する時はハーバード大学からのオファーもあったけれど、ワシントン大学を選んでいます。人からは、せっかくハーバードからの話があるのになぜ行かないんだと言われましたが、人と違うことをやることに何か価値が生まれるんじゃないかという思いがあって今に至っています。

北尾　これはまさに福沢諭吉の慶應義塾建学の精神ですよ。福沢諭吉は「自我作古」という言葉をよく使っていました。「我より古をなす」。つまり歴史を自分でスタートするという意味です。僕も常にそう思ってここまでやってきた。もう一つ大事なのは、「独立自尊」です。人に頼る、おもねる、へつらうのではなく、自らを尊び、世の中に寄与し貢献するという気持ちです。これが建学の精神で、窪田さんの行動はまさにそれに基づくものです。

おそらく慶應に残っていても、間違いなく教授になっていたと思いますよ。しかしそれよりも、飲むだけで人の視力を守ることができる薬ができたなら、どれだけ多くの人たちが救われるか。このほうが、はるかに価値がある。ジェンナーの種痘法と同じくらいの偉業です。そしてその可能性は非常に高いと思っています。

夫婦二人三脚で開発したビジネス用の検索エンジン

屋代浩子

フォルシア社長

2011年6月号掲載

やしろ・ひろこ　1965年生まれ。88年慶應大学経済学部を卒業し野村證券入社。デリバティブの開発に携わる。90年マサチューセッツ工科大学に留学、MBAを取得。93年ゴールドマン・サックス証券入社、デリバティブグループでマーケティングに携わる。2001年フォルシアを起業、社長に就任した。夫の哲郎氏は同社COO。2女1男の母親でもある。

フォルシア株式会社

2001年3月設立

事業内容　通常の検索システムの50～100倍の高速処理を行うデータベース検索プラットフォーム「Spook?」を開発。ネット上の商品検索から顧客データ分析等、多岐にわたる分野にその技術の応用範囲が広がりつつある

http://www.forcia.com/

慶應、野村の同窓生

北尾　慶應経済から野村證券ということは、僕と同じですね。

屋代　はい。野村には一九八八年に入社しました。

北尾　その頃僕はニューヨーク勤務から帰国して第二事業法人部次長だった。

屋代　私は女性総合職の第一号だったのですが、国際業務部でデリバティブの商品開発を担当していました。当時はデリバティブの本当の初期で、あまりにわからないことばかりなので、もっと勉強したくなってマサチューセッツ工科大学（ＭＩＴ）に留学しました。

北尾　いま、あなたの会社でＣＯＯを務めているご主人（哲郎氏）も野村にいてＭＩＴに留学したんでしょう。

屋代　ええ、主人とは野村で知り合ったんです。やはりデリバティブをやっていて、一緒に留学したいと思いました。まず、最初に主人が企業留学生としてＭＩＴに行くことになって、翌年、私も続こうと思ったのですが､野村の場合､留学しても必ずしもＭＩＴに行けるとは限らない。二人揃って同じところに行けるのは確率的にありえない。それで私は退職して私費でＭＩＴに行きました。

北尾　ＭＩＴでＭＢＡを取って帰ってから、夫婦で別々の外資系に進んだんですね。

屋代　私は帰国してすぐにゴールドマン・サックスに進みましたが、主人の場合、企業留学生ですから、数年野村にいて、それからモルガンスタンレーです。二人ともデリバティブをやってましたから完全にダイレクト・コンペティターでした。

北尾　ずいぶんと働かせられたでしょう。寝る時間もなかったんじゃないですか。

屋代　本当に二四時間働いていましたね。昔は携帯がなかったから、家の電話にがんがんかかってくる。アメリカ人は日本人が寝てることをまったく気にしないので夜中でも平気で電話してきますからね。

北尾　僕はニューヨーク時代、日本からそれをやられました（笑）。

二〇〇一年にゴールドマンを退職して起業されていますけれども、当時、デリバティブはピークを迎えていたんじゃないですか。

屋代　ええ、二人とも仕事量も給料もピークでした（笑）。でも、あまりにも世界的にデリバティブがバブルでしたから、何かがおかしいと疑問を感じるようになっていました。

北尾　当時の客は、デリバティブのリスクを考えなくて儲けることだけを考えていましたからね。実際にどんな商品なのか理解している人はほとんどいなかった。

屋代　私が辞めた頃は、デリバティブ商品を買っていただいた方は皆さん儲けて喜んでいただいた時代でした。でもやはり、この状況は長く続くものではないと思い、もっと世間一般の人のためになることをしようと夫婦で話し合って、この会社をつくりました。もともと主人とは、ＭＩＴ時代に、二人で起業できたらいいね、という話をしていたんですよ。

旅行業界で引っ張りだこ

北尾　二人とも金融の世界にいたにもかかわらず、検索のサービスをしようとしたのが面白い。

屋代　何をやろうかいろいろ考えたんですが、どんなサービスをやろうとしても、当時は気の利いたサービスのないことに気づきました。ウェブの世界では、お客さんが自社のサイトにどのくらいの時間、滞留しているか、あるいは何回ページをめくったか、というのが評価の対象でした。ところがお客さんにしてみれば、三〇分間、探したけれど結局何も見つからないという状態だったんです。それを解決するのが商品検索エンジンです。そこで、どんなサービスにも通用して、必要とされる商品検索エンジンをつくろうと思ったんです。

北尾　検索エンジンというと、すでにグーグルが圧倒的シェアを持っていますが。

屋代　グーグルさんはキーワード検索が中心ですよね。フォルシアの「スプーク」は条件から探せる「商品検索エンジン」で、キーワード検索はその中の一部です。それは、膨大なデータベースに高度な処理技術を施し、複雑な検索を高速レスポンスで提供しているのです。その代表的な特徴としては二つあり、一つは独自の「最適化技術」です。検索に必要な情報を全て保持したままデータを軽量化することで、検索負荷を大幅に軽減することができます。

例えば、ある旅行サイトでの国内宿泊の横断比較検索で見ると、一五旅行サイトの二万軒の施設、一七〇万プランのデータを約二〇分の一に軽量化し、高速でしかも快適な操作性で検索結果の一括一覧表示を可能にしました。もう一つは、多様な検索ニーズに応えられる「プロアクティブ技術」です。先回り検索という独自のロジックを採用し、数千万の組み合わせを瞬時に処理し、あらゆる条件・組み合わせを自由に選択、検索できます。自分が求めていたものとは違うけれど、こういうチョイスもある、ということを気づかせてくれ、キーワードを入力しなくても直感的な操作で意外な商品に出会うこともできるのがスプークです。

北尾　スプークというと幽霊という意味ですね。

屋代　はい。どんなサービスやECサイトにも適応できる変幻自在な検索エンジンをつくろう。そういう思いを込めて名づけました。

北尾　どんどん絞り込んでいくために、条件が多いほうがいいというのは商売に活かせる検索エンジンですね。いまは旅行業が中心だそうですが、いろんな業種で営業に活かすことができるんじゃないですか。

屋代　おっしゃるとおりで、去年の暮れにネジとかバルブといった資材の検索サービスを提供する企業と契約することができました。こういう部品というのは無数のアイテムがあるので、パンフレットでは欲しい商品をなかなか見つけられない。しかも部品メーカーが違うと微妙に仕様が違うから、ますますわかりづらい。これをネット上で検索するというエンジンを開発しました。

グーグルさんの検索では、部品のサイトを見つけることはできるけれど、結局それを全部見ないと目的を達せられない。スプークの場合、条件を絞ることでピンポイントで検索できます。

北尾 業績も順調のようですね。

屋代 おかげさまで実額からいうとまだ小さいですが、この五年間、年率五〇％ずつ伸びています。

北尾 でも、ここまで来るのは大変だったでしょう。

屋代 ええ。産みの苦しみもありましたし、何より、最初の契約までは苦労しました。スプークは、絞り込みの条件が多ければ多いほど実力を発揮しますから、大手企業を中心に営業したのですが、よく言われたのが「実績がない」のひと言でした。このハードルは高かったですね。ですから起業から最初の五年間はほとんど収入がありませんでした。もっとも、一つ契約が決まってからは、そのハードルがむしろ有利に働いていますけれど。

北尾 日本では、大手が使っているかどうかが採用するに当たって重要なファクターになる。その点、アメリカは違う。どんなベンチャーの商品・サービスでも、開発したものが面白くて経済合理性があるとなったら採用しますからね。だから屋代さんも日本ではなくアメリカで商売してもよかったかもしれない。

屋代　すごくベタな考えかもしれませんが、私たちは少しでも日本をよくしたいという気持ちがあって起業しています。夫婦二人とも外資にいましたから、日本で稼いだお金を外国に持っていかれているという経験をしています。ですから自分が成功するためにアメリカに行くよりも、自分たちのできることで日本にお返しをしよう。外資系からもらったお給料を日本に投資しようと考えていましたから。

やがては金融の検索も

北尾　最初の五年間、収入がなかったと言われたけれど、そうするとその間は、貯めてきたものをつぎ込んできたわけですね。

屋代　はい、もう全部。いままで貯めたものはなかったものと考えようと。それに全部なくなってもどうにかなると思っていました。

北尾　旅行業界から始まって、資材に領域を広げてきたけれど、僕としては屋代さん夫婦はともに金融出身なんだから、ぜひ金融の世界でそういう画期的な検索エンジンをつくってほしいですね。そうなれば僕はすぐに飛びつくけれど。

屋代　最初、起業した時にはそう思っていました。ところが金融業界の人は関心を示さなかったんですよ。

北尾　投資信託一つとってもいっぱい商品があるけど、この中からどうやってお客さんに選んでもらうかが重要です。

ＳＢＩ証券でも、二〇代三〇代のお客さんが非常に多くなってきていて、四〇代の人を入れると七〇％以上にもなります。ではこの人たちに金融の知識があるかというと、そんなことはない。この人たちに、いかに自分に合った商品を選んでもらえるか。これが検索できれば役に立つ。しかも金融商品には、投信だけでなく、株も債券も銀行預金もあって、その中からリスクとリターンを考えて投資する。これを全部統括したうえで自分に合ったものを選べたらありがたいですね。

屋代　フォルシアをつくった時は、まさにいま北尾さんがおっしゃったことをセールストークにして、いろんな金融機関に営業にいきましたけれど、どこにも受け入れられなかったですね。北尾さんのいうとおりで、お客さんにしてみれば株と投信と債券、別になんでもいいわけです。だけど全部縦割りになっていて、国内債券でも海外債券でも、どちらでもいいのに別々に検索しなければいけなかった。本当はみんな一括して選ぶべきだと思っていて検索エンジンを開発したのですが、金融の方が誰も振り向いてくれない。そこで、これを旅行業界に持っていって、沖縄に行くのもグァムに行くのも同時に比べられますよ、とやったんです。ですからスプークの根っこは金融にあるんです。

北尾　だから原点に返って、ぜひともつくってほしいですね。我々は、金融の素人の方々に対して、いかに将来のための資産形成をお手伝いするか、あるいは財産を守ってあげるか、ということをやらなければいけない。それには知識だけを教えようとしてもダメなんです。難しくて覚えてくれない。だったらシステムで解決できないかというのが僕の長年の夢なんです。そういう検索エンジンがあったらすぐに契約しますよ。

屋代　ありがとうございます。開発できたら真っ先に北尾さんをお訪ねします。

北尾　それ以外に何かやりたいことはありますか。

屋代　いまはスプークを企業ごとにカスタマイズして使っていただいています。いわばオートクチュールです。でもこれを主体的に使うビジネスをできないかと考えています。将来的には検索エンジンを売るのではなく、その検索エンジンのうえでビジネスをしていきたいですね。

違う者同士の二人三脚

北尾　それができたらこの会社は大きく伸びますよ。でもこれまでは人海戦術で開発してきたんでしょうが、それでは人件費ばかりかかってしまう。かつてヤフーが人海戦術で検索エンジンを開発していましたが、グーグルはロボットを使った。そういう画期的なことがあると、そこでまた大きく伸びる。

屋代　会社をつくってこれまでの一〇年は、まず足元を固めてスプークをご評価いただいてきました。でもこれからはレバレッジをかけていかないとと思っています。ただ、だからといって、あまり無理にスピードを上げようとは考えていません。

北尾　ご主人も同じ考えなの？

屋代　正しいものをつくれば絶対伸びていく。正しいことだけをやろうと言っています。誰も儲からないと思っていても、自分たちが絶対正しいと信じてやっていれば、必ず未来はあると思ってます。

北尾　正しいことはいちばん大事です。その結果として儲かればいい。孔子もお金を儲けることは否定していない。いけないことは正しくないことをして儲けること。「不義にして富みかつ貴きは、我において浮雲のごとし」と言っています。

屋代　だけど、インタビューを受けた時に、「ビジネスビジョンは、正しいことをする、です」と言っても受けが悪い。上場を最終目標にはしていないのに、「何年後に上場したい」と言わないと許されないようなところがありますね。

北尾　新しいことするのに資金が必要だというならわかるけれど、そうでないなら上場する必要は必ずしもないですよ。外部資本が入ってくると、思うような経営ができないということもあるでしょうし。

屋代 もちろん、パブリックにすることでプラスがあると判断したときにはやろうと考えています。

北尾 ご夫婦は似ていらっしゃるんですか。

屋代 まったく逆で、なんで一緒にいるんだろうとよく言われます。

北尾 そのほうがいい。似ているとむしろ反発するんですよ。同じような経歴だからパーソナリティのレベルは二人とも同じ。それでいて性格が違うから、互いに配慮しあってうまくいくし仕事も分担できる。

屋代 家庭と仕事がパッケージになっているのでアジャストが利くんですよ。違う会社だったら、私は仕事も家庭も一生懸命なのに「なんで帰ってこないの」となるけれど、会社が一緒だと、今日絶対帰ってこれないという状況がわかるから喧嘩にならない。逆に子供のことで私が帰らなければならない時は主人もそれを知っているから、「あと、よろしく」で帰ることができる。そこはありがたいですね。

北尾 その意味では本当に理想的な夫婦だと思いますね。

CO_2削減、エネルギー自給も「ミドリムシ」にお任せあれ

出雲　充

ユーグレナ社長

2011年7月号掲載

いずも・みつる　1980年広島県生まれ。東京大学農学部でミドリムシに関する研究を始め、02年卒業と同時に東京三菱銀行（現三菱東京UFJ銀行）に入行。05年ユーグレナを設立し社長に就任した。今年、ダイヤモンド経営者クラブ特別表彰「ルーキー・オブ・ザ・イヤー」を受賞している。

株式会社ユーグレナ

2005 年 8 月

事業内容　栄養価の高いミドリムシを使い、クッキーなどの食品を製造・販売するほか、ミドリムシを使ったハンバーガーやラーメンも開発した。また火力発電所などから発生する二酸化炭素の排出削減への活用や、バイオ燃料化、飼料化の研究も行っている。

http://www.euglena.jp/

世界初のミドリムシ大量培養

北尾　ユーグレナという社名はミドリムシの学名ですよね。その名のとおり、ミドリムシを培養して食品や化粧品の原料などをつくっている。しかも最近では、ミドリムシからバイオマス燃料をつくる研究もやっているとか。それにしてもなんでまた、ミドリムシに興味を持ったんですか。

出雲　ミドリムシというのは、非常に栄養価が高く、生物が必要な栄養素をすべて含んでいるんです。ですから研究者の間では、このミドリムシを使ってやがて来る食料危機に備えようと、二〇年以上にわたって研究されてきました。私もその可能性を知って、もともとは文系だったのですが、農学部に転じました。大学一年の時にバングラデシュに行って、貧困や食料問題を間近に見たこともあって、ミドリムシならその問題を解決できると考えたわけです。

ところが、ミドリムシというのはどこにでもいる生物であるにもかかわらず、これだけを培養しようとするとうまくいかない。だけど私はわざわざそのために学部を替えたわけですからあきらめられない。そこで現在の研究開発担役員である鈴木と一緒に研究を続けました。

それで大学を卒業する時には、いずれはこれをビジネスにしようと決めて、経営の勉強や、資金調達の手段を見つけるために銀行に入り、三年後の二〇〇五年にユーグレナを設立しました。

北尾　出雲さんがさっき言ったように、ミドリムシなんてどこにでもいる生物でしょう。なんで培養するのが難しいんだろう。

出雲　ミドリムシは食物連鎖の一番下に位置しています。ほかのプランクトンなどはミドリムシを食べて生きている。だからミドリムシだけを培養しようとしても、ミジンコなどに食べられて、あっと言う間にいなくなってしまうんです。

そこで大学では、ミドリムシを守るため、無菌状態をつくり、雑菌が入ってこないようにして育てたんですけれど、それでも人の出入りなどでごく微量の微生物が入ってくる。そうするとそこにはミドリムシしかいないから、雑菌にしてみれば天国のようなもので、どんどんミドリムシを食べてしまう。それでうまくいかなかったんです。

北尾　ミドリムシは五億年も前から今日まで、絶滅しないで生き残っている藻類ですから、当然、強いものだと思っていたけれど、そうじゃないんですね。

出雲　ええ。そこで逆転の発想をしました。ミドリムシだけを純粋培養しようとするから難しい。だけどミドリムシというのは、地球上のあらゆるところにいて、温泉などでも繁殖する能力を持っているものもいる。こういうところではミドリムシ以外の生物は生きていけない。だったら、ミドリムシの天敵のいやがる環境で培養すればいいのではないかと考えたわけです。その結果、世界で初めて屋外での大量培養に成功することができました。

北尾　ということは、培養液に秘密があるわけですね。どんな成分でできてるの？

出雲　それは企業秘密です。ただ考え方としては、蚊取り線香を焚くことで、ムシが寄り付かないようにする、といったものです。

北尾　そういう発想ができたのは、やはり出雲さんが文系から転じた人だからですよ。えてして根っからの理系の人は、純粋培養をするとなったら、その発想を踏み越えることができない。ところが文系出身だから違う発想ができる。これは僕も同じで、もともとは医学を志した理系人間です。だから金融の世界に入った時、人とは違う考え方をすることができた。

出雲　ミドリムシというのは植物でありながら自ら動くことができる、動植物中間体です。その意味では私自身も理系と文系の中間体なのかもしれません（笑）。

北尾　大量培養に成功して、それで生まれたのがミドリムシクッキーですね。

出雲　ええ。「ミドリムシバイオダイエット『クッキーアソート』」は、栄養価は高いしヘルシーなのでダイエット食品として展開しています。

北尾　ビジネスとして成り立っているの？

出雲　あまり見たことはないと思いますが、意外と売れているんです。といって自分たちで販売するよりも、他のメーカーやスポーツクラブなどへＯＥＭ供給するかたちのほうが多いですね。

CO2対策の切り札

北尾 僕がユーグレナという会社に興味を持ったのは、これから大きく伸びる可能性があるからです。東日本大震災で、福島第一原発があのようなことになってしまったから、今後日本では、新たな原発建設はむずかしい。となると火力に頼るしかないけれど、そうなると今度はCO2の問題が出てくる。そのCO2を、吸収する能力がミドリムシは非常に高いそうですね。

出雲 そうなんです。大気中のCO2は〇・〇四%にすぎませんが、火力発電所の煙突から出てくるガスの中には三〇〇倍の一二%も含まれています。これをミドリムシを培養しているプールへ送ると、ミドリムシは一生懸命光合成をしてCO2を酸素に変えます。そしてミドリムシ自身は排気ガスを通さない時より速いスピードで増殖する。さらに、CO2が大気の三〇〇倍もあるところではほかの生物は死んでしまうけれど、ミドリムシだけは生き残る。ですからミドリムシのプールに排気ガスを通すことでCO2を出さない火力発電所を作ることが可能になります。それで一週間に一回、半分のミドリムシを回収し、またCO2を通すと一週間で元に戻るのでまた回収する。その繰り返しです。

北尾 なんで他の生物が成育できないところでもミドリムシは大丈夫なんでしょうね。同じような菌類や藻類がいてもおかしくないのに。

出雲　ミドリムシが誕生したのは五億年以上昔のことです。地球が誕生した頃は酸素がなく、CO2濃度もものすごく高くて、生物はほとんどいなかった。その中で、ミドリムシと昆布やワカメの祖先は、光合成によってCO2を酸素に変えていった。そういう独自の特長を持っていたんですね。

北尾　火力発電所から出るCO2をミドリムシによって完全に吸収することができるとしたら画期的なことですよ。

出雲　火力発電所からは大量のCO2が出ていますが、それに対応した面積のプールを準備することさえできれば、そのすべてを吸収することは可能です。もっとも、実際には膨大な敷地が必要なことに加え、夜になると光合成は行えないので工夫が必要です。

北尾　夜は照明を当てれば光合成はできるでしょう。

出雲　LED照明ならけっこういけますね。ただ、ミドリムシも二四時間休みなく光合成を続けると疲れて効率が落ちてしまう。だからある程度休ませなければなりません。

エネルギー自給の助っ人

北尾　しかもそうやってCO2を削減すると同時に、増殖したミドリムシは食料にもなるし、さらにはバイオマス燃料が取り出せる。原油価格は上がっているし、二〇五〇年にも枯渇すると言われているから、バイオマス原料はものすごく注目されています。ミドリムシはその決め手になるかもしれない。

出雲　いま我が社では、JX日鉱日石エネルギーさんと、日立プラントテクノロジーさんと一緒になって、研究開発を行っていますが、理論的には、火力発電所から出るすべてのCO2をミドリムシが吸収した場合、最大値として日本で年間に消費される量の数倍のジェット燃料を製造できる計算です。

北尾　バイオマス燃料というと、ブラジルなどではトウモロコシなど穀類からつくった燃料に力を入れていますね。ミドリムシはそれよりも優っているんですか。

出雲　ミドリムシのほうがはるかに優れています。理由は簡単で、ミドリムシは単細胞生物で、細胞分裂によって二倍、四倍、八倍という具合に増えていきます。ですから、先ほど言ったように、火力発電所から出るCO2を通すことによって、一週間に一回、収穫することが可能です。確かにトウモロコシなど穀物も搾ればバイオマス燃料を取り出すことはできるけれど、一年に一回か二回しか収穫できない。ミドリムシは年間五二回ですから、取れる量が圧倒的に多い。

さらに言えば、ミドリムシは植物と動物の中間体でジェット燃料に適しています。油をつくる性質にも特徴があるのです

北尾　コスト的にはどうですか。

出雲　基本的には太陽とＣＯ２が必要です。培養液も必要ですが、それにしてもそれほど高いものではありません。

北尾　そうなると必要なのは土地だけですね。でも発電所というのはどこも広大な土地を持っているから、そこにつくればいい。

出雲　発電所ではその敷地に木を植えて、少しでもＣＯ２を吸収しようとしています。見た目はきれいですが、それよりもミドリムシのプールを設置したほうがはるかに大量のＣＯ２を吸収することができる。しかも国産エネルギーを得ることもできるわけです。

ライバルに打ち勝つ法

北尾　でもミドリムシにこれだけの能力があるのなら、同じような事業をやっている会社もあるんじゃないですか。

出雲　日本では私どもだけですが、アメリカではまったく同じように発電所のＣＯ２をミドリムシの仲間である藻の一種に食べさせて、そこから油を取り出そうとしているところがあります。ただ、あちらは食品をつくることには興味がなくて、バイオマス燃料としてだけの興味なんですね。そこには軍の予算もついているようです。

北尾　それは強力なライバルですね。日本も国家戦略的にこういう新規事業を育成すればいいのに、やろうとしない。京都大学の山中教授が発明したｉＰＳ細胞にしたってそうです。日本のほうが一歩リードしていたのに、アメリカは日本とは一桁違う予算をつけて実用化に取り組んでいます。日本はもっとこういうことに危機感を持たなければならない。ミドリムシだって、将来性を考えたら、国を挙げて支援すべきなんですよ。

出雲　でもいまのところ、天敵からミドリムシを守る大量培養の技術は我々しか持っていません。

北尾　その技術は特許で押さえていますか。

出雲　こういう技術は特許にするのが難しい。というのも、その特許を真似てバイオマス燃料をつくられても、それが我々の技術を使ったかどうかは、燃料をいくら調べたってわかりませんから。だから特許を取るよりも、コカ・コーラのように、培養液の原液の製法は一切明らかにしないという方法で技術の流出を防ごうと考えています。

北尾　だったら、その製法は出雲さん一人の頭の中だけにあるというぐらい、秘密にしたほうがいいですよ。世界一だった日本の半導体技術ですが、定年退職になった人が韓国企業に引き抜かれて技術を伝えた結果、いまでは韓国が世界一になっています。ですから技術を守るのは本当に難しい。本当にわずかな人だけ、免許皆伝という人しか知らないようにしなければならないと思います。そうしないと会社の規模が大きくなればなるほど、技術は漏れやすくなる。

出雲 いま、当社の研究者は一〇人いますが、彼らとは東大時代からずっと一緒にやってきた信頼できるメンバーなどですから大丈夫です。

北尾 特許にしても、いろんな製造方法と組み合わせることで、きちんと知財を守る方法があるでしょう。

もう一つの方法としては、一気呵成にナンバーワンカンパニーになることです。たとえば日本に電力会社は事実上一〇社しかないから、そこのすべてと独占契約を結んでしまう。そうすると、CO2削減にはユーグレナのミドリムシを使わざるを得ない。そうやってユーグレナの独壇場という状況をつくれば、他社が追随できない。

出雲 ええ。我々もそう思い、電力会社との共同研究をスタートしています。あとは早く、実際の火力発電所で稼働させる日が来ることを願っています。そうすれば、より多くの人にミドリムシの力がどれだけすごいかわかってもらえます。

北尾 日本の社会は、前例がないものに対して極端に臆病になる。アメリカは新しい技術でも役に立ちそうならすぐに飛びつくのに、日本はそうしない。その代わり、どこか一社が採用すれば、一斉に後に続く。

このミドリムシを使ったCO2削減とバイオマス燃料の製造は、本当に世のため人のためになる技術です。福沢諭吉が好んだ言葉に「自我作古」というのがあります。自ら歴史をつくっていくという意味ですが、出雲さんがやろうとしているのはまさにそれです。私もできるかぎりの協力を約束します。

看護師派遣で医療費革命 〝医療ビジネス〟の風雲児

滝口 進

スーパーナース会長

2011年8月号掲載

たきぐち・すすむ 1950年生まれ。72年早稲田大学理工学部から奈良県立医科大学入学、78年卒業。東京女子医科大学第二外科助手、東京労災病院外科医長、同外科副部長を経て、現在は東京女子医科大学第二外科非常勤講師。90年にスーパーナースを起業、2000年から会長。また05年にはスーパーナース、保険者の総合コンサルティングを手がけるエム・エイチ・アイや疾病管理サービスを行うディー・エム・システムズなど傘下に7社を持つエムエム・ホールディングスを設立、社長を務める。

株式会社スーパーナース

1993年5月

事業内容　看護師に特化した転職・派遣サポートビジネスを展開。全国の大学病院、医療／介護施設に看護師を派遣している。また看護師を自宅に派遣するプライベート看護サービスも行っている。

www.supernurse.co.jp/

看護師派遣のパイオニア

北尾　滝口さんは医者でありながら起業家でもあり、しかも金融のこともよく理解されている。さらにはネットのことも詳しい。こんな人はめったにいない。それに起業する時の目のつけどころが面白い。スーパーナースもその一つですが、どうしてまた看護師を派遣する会社をつくろうと思われたんですか。

滝口　私自身、医者になる前に工学部で内燃機関を専攻しようと考えていたことがあります。そのため、医療業界にどっぷりつかっているのではなく、他人事のように第三者的な目で医療を見ているところがあります。そうすると、さまざまな矛盾や、ここをちょっと工夫すればもっと効率がよくなると思うところが見えてきます。

スーパーナースをつくったのは、もう二一年も前、まだ大学の医局に所属していた時です。医局から、都内の病院に出向して診療をしていたのですが、外科ですので手術があります。当然のことながら毎日同じ数の手術があるわけではありません。ある日は朝から晩までびっしり手術の予定がつまっている。非常に忙しい。しかも終わったと思ったら急患が入ってくる。そうなると、看護師は不満をいうわけです。こんなに忙しくてはやってられないと。ところが翌日手術室をのぞくと、看護師たちはお菓子を食べながらテレビを見ている。その日の予定を聞くと、朝簡単な手術が一件あって、あとは何の予定もないという。こんなバカなことはないと思いましたね。

北尾　ほとんどの病院がそうじゃないですか。

滝口　だったら、忙しい時は隣の病院から看護師さんに応援に来てもらえばいいじゃないですか。逆に暇だったら隣に看護師を送ればいい。看護師の資格は国家資格です。人材は限られている。だから効率よく使わなければもったいない。そこで看護師を集めて登録してもらい必要な時に必要なところに派遣しようと、スーパーナースという会社をつくりました。

北尾　でも看護師の人材派遣は派遣業法で禁止されていますよね。

滝口　会社をつくってからそのことを知りました。最初はそこをどうクリアするかと考えて、社長以下全員を看護師にして看護業務を請け負う会社としてスタートを切りました。

看護師の需要は供給よりはるかに多いですから、登録さえあれば仕事は間違いなくある。登録した看護師はあっという間に一〇〇〇人、二〇〇〇人に増え、会社としても最初から黒字が維持できました。ただ派遣法に照らすとグレーゾーンのところもあるので、行政の指導もあって人材紹介業の免許を取り人材紹介会社の形を整えました。

派遣法がその後改正されたことで、紹介予定派遣という就職を前提とした派遣や、常勤看護師の産休・育休時の代替派遣が認められるようになり今日に至っています。

北尾　金融業界も少し前までは規制でがんじがらめだったけれど、一九九〇年代の橋本内閣の時に規制緩和が起こり、米国から二〇年、英国から遅れること一〇年で金融ビッグバンが始まりました。だけど医療の世界では、まだまだ規制が強い。もちろん人命にかかわることだから、ある程度の規制はやむを得ないけれど、あまりにも厳しい。その結果、必要なところで看護師が足りないのに、一方では余っているという人材のミスマッチが起きてしまう。滝口さんのやっているビジネスは、それを補うという意味で非常に意義がありますね。

滝口　医療の分野はこれまで、すべて国が仕切ってきた世界です。もちろん役所にしても良かれと考えてやってきたとは思いますが、残念ながら現場では機能しないことも多いのが現実です。

医療費削減に効果あり

北尾　役所仕事になると、ミスマッチがいたるところに出てくる。その典型がソビエト時代の計画経済です。鉄をつくるのに鉄鉱石はあるけれどコークスがない。そのたぐいのミスマッチがいたるところに生じている。同じように、日本でもお国が規制を強めた結果、お粗末になっている領域がたくさんある。滝口さんはそこに目をつけた。しかも医療現場を知り尽くしているから、かゆいところに手が届く。

滝口　規制には当然それなりに意味があることが多いんです。特に医療の場合は患者さんの命を守らなければなりませんから。ところが一度規制ができてしまうと、そもそもの理念や本来の考え方が無視されて、規制を守ることがすべてになってしまいがちです。しかもスーパーナースのように、派遣を主体として事業を推進しようとしている分野においては、医療法、保健師助産師看護師法といった医療関連法の規制に加え、労働者の派遣法をはじめとした労働行政法の規制もある。そのためなかなかやりたいことができません。

つい先日も横浜の労働局から指導を受けました。先ほど申し上げたように、看護師の産休育休の代替派遣は法律で認められています。お産をして一時的に職場を離れても、育休が終わったら、同じ職場に戻りたいと考えている人は多い。だからこそ、その間の代替派遣が認められた。ところがその運用が地域によってかなり違うようで、その解釈が当方と先方で食い違っており、指摘を受けたわけです。どうも東京都と神奈川県でもその解釈に相違があるようで、調べてみるとある程度の違いは各自治体の裁量にまかされており、また各々で指導や処分が可能なんだそうです。

北尾　地方自治体にそういう権限があるんですか。

滝口　労働局は厚生労働省の出先機関です。全国一律ダメというのならまだわかります。だけど多摩川を渡ったら判断が異なるというのは、どう考えてもおかしい。やはり一つの規制の本質的な部分は全国で統一すべきで、あいまいな所は局長や、課長の通知等で統一見解をはっきりさせていただきたいものです。

北尾　普通では考えられない規制が残っているのが、この世界ですね。そのために医療の近代化・合理化が遅れてしまう。しかも合理的にしようとしても、それが公務員の職と密接に結びついているものだから、規制を撤廃すると、その人たちの仕事がなくなってしまう。だから規制を守る。職を守ることを最優先に考えてしまう。

だけど、いずれはこの世界も規制緩和が進むでしょう。看護師の派遣もいまは特殊な場合しか認められていないけれど、そのうち規制が緩和されて病院への看護師の派遣が日常的に行われるようになるんでしょうね。

滝口　そうなればいいんですが。

派遣による業務上のメリットも大きいことは、まちがいありません。たとえば一単位の病棟で、夜間だと数名の看護師しか勤務していません。患者さんの中で一人が重症になって集中管理しなければならなくなると、夜勤の看護師すべてがそこに集中せざるを得なくなります。すると、いくら他の患者さんがナースコールを鳴らしても、誰も駆けつけることができない。その間に容態が急変する可能性だってあるわけです。

そうならないためには、重症の患者さんがいる時は、その患者さん専属で対応する看護師を派遣してもらってまかせてしまう。その状態が解消するまでの間は派遣された看護師が付きっ切りで看護する。そして他の患者さんを常勤の看護師が見る。

「派遣」というのは本来そういう使い方をするべきで、常勤の人と同じ仕事をしても意味がない。一時的に特殊なスキルが必要になったら、その時だけ派遣でやる、通訳などはその典型です。そのかわり、時給は常勤より高いかもしれない。しかし必要な時に必要なだけ人の手を投入すればいいので、結果的には医療費が安くすむことになります。

私の試算では、派遣をうまく使うことで医療費のうち看護師の人件費を二〇％は調整できるはずです。いま一年間の総医療費は三四兆円ですが、そのうちの約半分は人件費です。政府は、やがて医療費が五〇兆円から六〇兆円になると試算していますが、人件費を効率化すれば、医療水準を落とさずに医療費の増額を抑えることだってできる。派遣を利用すればそれが可能かもしれません。

北尾　ぜひ滝口さんには、そういうことを声を大にして言い続けてほしいですね。このままでは国民皆保険はどう考えたって持ちません。続けるというのなら徹底的に効率化を図らなければいけない。その方法が、現場で医療に携わっている人から提案されているのだから、話をよく聞いて法律自体を変えていけばいいんですよ。残念ながらいまはそれがおざなりになっている。

専門看護師を養成

滝口　しかもこういうやり方を導入することで、看護師自身の意識の変革も起きてきます。いまのように看護師が病院の単なる業務スタッフという形では、なかなか専門職が育ちません。いまは、昨日まで病棟を担当していたのに、いきなり外来に配置換えになったり手術室に異動したりということは、病院の勤務の形態として一般的です。

でも看護師の中には、手術室の業務が得意な人もいる。そういう人に外来に行ってくださいと言うとモチベーションが下がってしまう。手術室で黙々と介助しているのは好きだけど、患者さんと話をするのは不得手という看護師もいるわけです。そういう人が外来にいたら患者さんも愉快ではありませんから、病院にとってもマイナスになる。

使う立場からしても、場面場面で、必要な看護師のスペックがあります。手術に熱心で手術機器の操作に明るく、手術の手順、流れがすべてわかっているという人は手術室では貴重です。こういう看護師には愛想は必要ありません。一方、外来の看護師は手術の機器、機材のことは知らなくてもいい、それより患者さんに笑顔で接してくれて、かつ外来業務をてきぱきこなす能力が必要です。

つまり「看護業務」とひとくくりにするのは間違いで、さまざまな専門業務があるわけです。そして看護師によって得手不得手がある。医者が内科や外科に分かれているように看護師だってそうあるべきです。そういう専門看護師を組織して病院に派遣すれば、スキルも高いし効率的な看護が可能です。

北尾　適材適所、必要な時に看護師を送ることができる。

滝口　たとえば手術が得意な看護師だけを集めてチームをつくる。病院からは、今日は心臓の手術が二件あるから、循環器の手術が得意な看護師を六人出してほしいという要請がある。そこでそのスペックに合った人材を派遣して、準備して手術して片付けて帰る。翌日、心臓の手術がなければこの人たちは使わなくていいからきわめて効率がいい。したがって病院側にしてみても、派遣された看護師に常勤の看護師の倍の時給を払っても十分にペイします。

一般的に派遣社員というと、正社員になれない人が仕方なく派遣で働くというイメージがありますが、看護師の場合はそうではない。より高い専門的なスキルを持っている人が派遣看護師になるというところまで持っていきたいと思います。

自宅で最期を迎えるために

北尾　スーパーナースが最近始めたサービスで面白いなと思ったのが、プライベートな看護サービスですね。自宅で看護を受けることもできるし、出かけるときも看護師が付き添ってくれる。

滝口　構想は一〇年ほど前からありました。病院への派遣は規制が厳しいけれど、在宅派遣は比較的緩やかなんです。だからこそきめ細かい多様な看護サービスが提供できる。

ターミナルケアが代表的な例です。調査によると約八割の人が、最期を自宅で迎えたいと考えています。ところが現実にはほとんどの人が病院で亡くなる。なぜかというと自宅に戻ることに家族が躊躇するからです。自宅で夜中に血を吐いたらどうしよう、痛みで七転八倒したらどうしよう、と考えてしまいます。

そこでスーパーナースでは、三交代で二四時間看護師を派遣します。夜中でもそばにいて、末期がんで体が痛むのならモルヒネの注射ができる。血を吐いたらその処置ができる、こういうサービスです。

北尾　保険はききませんよね。相当高いんじゃないですか。

滝口　一ヵ月で三〇〇万〜四〇〇万円必要です。でも、数千万円の資産をお持ちで、もう子供も独立しているという方は少なくありません。そういう方々にとって最後の一ヵ月にそのうちから数百万を使う、と考えればそんなに無理な話でもないでしょう。あるいは三〇〇〇万円の生命保険に入っているのなら、給付されるその一割を親の最期のために使おうと考える人は少なくないと思います。

いま、患者の入院期間がどんどん短縮されています。これは診療報酬制度が変わってDPCという一種の定額支払制度が導入されたためです。たとえば胃がんなら、一週間の入院でも一ヵ月の入院でも受けとれる診療報酬が変わらないため、病院としてはできるだけ早く退院してほしい。

一方、患者さんにしてみれば、退院したあとが不安です。そこで、早期に退院したあと、毎日一時間看護師を自宅まで派遣して、回復期の療養を助けるというサービスも行っています。術後の食事をどうするか、どのくらいの運動をするべきなのか、そうした生活上のアドバイスも行います。お産をした人には育児の相談にも乗ってあげることができる。

これは一回一万円程度ですから、退院後一〇日間来てもらっても一〇万円です。高くはないと思いますね。

北尾　昔、家内がニューヨークで手術したことがある。そうしたら、手術したその日に退院させられた。病院は治療するところ、療養は家で、という考えがはっきりしている。日本もそうなってきたんですね。

アメリカよりずいぶんと遅れているけれど、それでも日本も徐々に規制緩和は進んでいます。もしかすると金融ビッグバンのように、突如多くの規制がなくなる可能性もあります。そこには必ずビジネスチャンスがあるけれど、こればかりは専門知識がなければできない。その意味でスーパーナースは今後大化けするかもしれないですね。

滝口　この分野へは、いずれ他社も参入すると思っています。その時までには、他社に負けないノウハウを先行して確立し、イニシアチブを取っていきたいですね。

女性社長のネットワークで「日本社会を元気にする」

横田響子

コラボラボ社長

2011年9月号掲載

よこた・きょうこ　1976年豪シドニー生まれ。4歳で帰国し高校までを大阪で過ごす。99年お茶の水女子大学文教育学部を卒業しリクルート入社。6年間人材部門を中心に営業・新規事業立ち上げ、事業企画を経験し退社。2006年コラボラボを設立「女性社長.net」を運営し、女性社長の支援を続けている。女性社長300人を集めるイベント「J300」は、すでに3回目を数える。著書『女性社長が日本を救う！』（マガジンハウス）が出た。2011年9月、APEC WES（Women and the Economy Summit）にてイノベーター賞を受賞。

株式会社コラボラボ

2006年5月設立

事業内容　個人事業主・会社経営を行っている女性社長データベースである「女性社長.net」を運営。ベンチャー企業への人材紹介やコンサルタントやPR業務を行っている。また年に1度、女性社長300人が参加する「J300」を開催している。

colabolabo.co.jp/

女性社長300人の大集会

北尾　横田さんは女性社長のネットワークを構築しているようですが、日本には女性社長はどのくらいいるんですか。

横田　帝国データバンクの調査によると、日本には六万七〇〇〇人の女性社長がいるそうです。男性社長は一五〇万人ほどいますから、比率でいうと二〇対一といったところです。これがアメリカなら、比率は三対一ほどですから、日本はまだまだ少ないですね。

それにはいくつか理由があって、結婚・出産という女性特有の問題もありますが、それより、いちばん最初の仕事の違いが大きいのではないかと思います。日本に雇用機会均等法が施行されて二〇年以上がたちましたが、いまでも男女によって仕事の中身が違うというのはよくあることです。男性には難しい仕事が与えられ、そこで鍛えられる。その差が後になって出てしまうのかなとは思います。もっとも私の場合はリクルートに入ったのですが、少しは差をつけろと思ってしまうほど男女差別のない会社でした。上司の一人からは「自分の娘だったらここまで働かせない」とまで言われました。だけどそんな会社はほとんど稀で、多くの会社が男と女で仕事の中身を変えています。

北尾　ＳＢＩグループの場合は、まったく男女による差別はしませんね。グループ会社の中にも女性社長は二人います。最近の女性は非常に優秀だし勉強熱心です。今後まだまだ増えていくでしょうね。

横田　二年前からは、「J300」という、女性社長だけを三〇〇人集めたイベントも始めています。二〇〇九年の第一回はリーマン・ショックから半年後でしたので、「女性社長三〇〇人が不況を吹っ飛ばす！」をテーマとしましたし、昨年は「女性社長が世界を元気にする」、そして六月一日に開催した今年が「女性社長三〇〇人のSTORY～つむぐ・つながる・つくりだす～」でした。テーマを見てもわかるとおり、今年はいままで以上に女性社長同士のコラボレーションを重視したものとなりました。

北尾　女性社長の会社というのは小さいところが多いでしょう。

横田　女性社長.ｎｅｔには一三〇〇人の会員がいますけれど、平均すると社員数は七人を切りますね。

北尾　ということは社長自らがしゃかりきになって働かなければならないわけだから、その忙しい人たちを三〇〇人集めるというのはなかなか大変なことではないですか。

横田　けっこう大変です。これは去年の参加者のデータですが、子供のいる方が四割も占めています。会社だけでなく家庭の仕事もしなければならない。それだけ忙しい中を来ていただくのだから、できるだけ、中身の濃いものにしなければなりません。

講演を元厚労省の村木厚子さん（現内閣府共生政策担当統括官）やテンプスタッフの篠原欣子さん（社長）にお願いしましたが、内容もできるだけ泥臭い、ここでなければ聞けない話をしていただいて、参加者たちが「私も頑張ろう」と思えるようなものにしていただきました。

Ｊ３００はセミナーとパーティの二部構成になっているのですが、実は今年は手違いがあって、パーティではコミュニケーション不足で食事が少なく、さらに飲み物の一部が納品されませんでした。セミナーは無料ですが、パーティは有料です。女性は男性より、そういうところは厳しいですから、アンケートを取っても、食事については多くの方からお叱りを受けました。でもセミナーに関してはみなさん満足してくれたようで、トラブルにもかかわらず、アンケート回答者全員が来年も参加したいと言ってくださいました。

北尾　ネットワークというのはそれだけで一つの武器になります。ＳＢＩでもネットワークをつくってビジネスにならないかいろいろと試みているところです。たとえば中国に進出したいという企業があれば、決済や物流に加えて、翻訳や法律の面からも支援をし、中国人向けのショッピングモールサイトをつくる。横田さんのところでも女性企業ならではのサービスを提供していこうとしているんでしょうね。

横田　今年のＪ３００のテーマに「つむぐ・つながる・つくりだす」という言葉を入れたのは、このネットワークを通じて、彼女たちの役に立つ、新しいものを生み出すプロジェクトがここから始まればいいと考えたからです。出席してくださった会社の、あるいは女性社長.ｎｅｔの会員の方々の売り上げを伸ばすための手伝いを、私たちはしようと考えています。

女性社長の長所・弱点

北尾　女性社長.ｎｅｔの会員からは会費を集めているんですか。

横田　ええ。無料の会員さんもいますが、コミュニケーションが相互にとれる会員は有料で、年間三万円からとなっています。女性社長.ｎｅｔ以外にも、女性経営者をつなぐネットワークはいくつもあり、中には会費無料で運営されているところもあります。でもそういうやりかただと、ややもすると責任の所在があやふやになってしまいます。責任をもってマネジメントするには、やはり会費を取るべきだと考えました。

北尾　いまは女性社長だけにかぎらず、あらゆる社長にとって厳しい時代です。日本には二百数十万の法人があるけれど、その七割は赤字だと言われています。恐らく女性が社長を務める企業の場合、赤字の比率はもっと高いのではないかと思います。廃業率も、女性社長のほうが男性社長より高いでしょう。

横田　一つには、廃業理由に育児・介護を挙げている人がいることからもわかるように、家庭生活の負担が女性にかかっていることも大きいと思われます。
もう一つには、独立・開業時期が早いことが理由にあると思います。国民金融生活公庫の調査によると、新規開業時の平均年齢は四三歳だそうです（二〇〇五年のデータ）。ところがJ300に参加する方の八割が三〇~四〇代ですから、女性のほうが若くして起業しているということだと思います。つまり、それほどキャリアを積まず、準備期間も短く、人脈もそれほど持っていない状況でスタートする起業家が多いということです。世の中そんなに甘くはないですから、どうやって会社を経営していいかわからなくて廃業するケースも多い。
その一方で、経験も何もなくても、ちょっとしたアイデアで気軽に起業できる。これが女性起業家の利点の一つではないかとも思います。

北尾　東洋的な考え方では、男性は陽で、女性は陰です。男性は外に向かって展開していくけれど、女性は内を向いている。母なる大地というように、生きとし生けるものすべてを受け入れて育んでいく。だから企業としても熾烈な競争に打ち勝って売り上げを伸ばそうとは思わない。その証拠にSBIにはいろんな経営者が資金調達のために訪れてくるけれど、女性経営者はそれほど多くありません。比率でいったら一〇〇人に一人いるかどうか。先ほど、男性社長と女性社長の比率は二〇対一と言われたけれど、それと比べてもものすごく少ない。

横田　それに関しては中小企業リサーチセンターが面白い調査をしています。経営者が何を重視するかという意識調査ですが、男性の場合もっとも重視するのが「売上高」で、次いで「利益」となっています。ところが女性経営者の場合、一位に来るのが「製品」です。つまり自分たちが提供する製品の品質を重視するというわけです。ただ、会社を設立して一〇年以上たつと、女性経営者でも売上高や利益を重視する傾向が出てきます。会社を長く続けていくと、きれいごとだけでは経営できないということかもしれません。

総じて言えるのは、男性経営者は上場を一つのゴールとして目指す人が多いのに比べ、女性は売り上げはそこそこでも、ライバルともリスペクトしあいながら経営していこうと考えている人が多いですね。

北尾 女性経営者の長所でもあり弱点でもあるところですね。地に足をつけて経営するけれど、大きな飛躍は望まない。

横田 あと、とことん窮地に追い込まれた時には女性のほうが強いとも言われていますね。一種の都市伝説のようなものですが、事業が行き詰まり借金がかさんでどうしようもなくなった時、男性経営者のほうが自殺率が高い。女性経営者は踏み倒してでも生き延びようとする（笑）。

北尾 女性のほうが生命力は強いからね。

横田 もう一つ、女性社長の特徴を挙げれば、無駄なものにお金を使わない。これはダイナミックさに欠けることにもつながるかもしれませんが、無駄なことにコストをかけないので、好不況の波に左右されにくいというところがありますね。

北尾　女性ならではのメリットもあると思いますね。営業する場合でも、男性だったらなかなか会ってもらえないけれど、女性だったら会えたりもするでしょう。それにすぐ覚えてもらえる。あとは交渉力も女性のほうがある。値切るのはどう考えても女性のほうが得意です（笑）。

横田　かわいらしく、されどあつかましく、ですね（笑）。

パン粉になりたかった10代

北尾　横田さんはリクルート出身だとおっしゃいましたね。リクルートを飛び出して会社を立ち上げた人は数多いけれど、横田さんも最初から独立しようと思ってリクルートを選んだんですか。

横田　まったくそんな気はありませんでした。最初に申し上げたように、私は女とか男とか関係なく働ける職場としてリクルートを選んだんですが、退社して自分で会社をつくろうなんて考えたこともありませんでした。ところが入社して初めて、リクルートでは「四〇歳定年制」と言っていいほど、四〇歳までにはみなスピンアウトして辞めていく。私が入った段階では、まだ一人も六〇歳という本当の定年を迎えた人はいませんでした。だから自分もそのうち独立するのかな、と漠然とは思いました。

ただ本音を言えば、それでも会社を辞めたくはなかった。大きな会社のリソースは非常に魅力的です。独立して一人でやるよりも、はるかに大きな仕事ができる。だけど入社してしばらくした頃、父が病気になり、その介護のためにも、ある程度自分で時間をコントロールできる環境が必要になりました。さらに会社のリソースを使うためには偉くならなければなりませんが、それを待つことができなかった。そこで独立を決意しました。

北尾　おっしゃるように、会社のリソースを思うように使うためには偉くならなくてはなりません。だから僕は野村証券に入った時から、経営陣に入らなければ意味がないと思ってサラリーマン生活を送っていましたからね。

だけど、リクルートを辞めたあと、他の仕事は考えなかったんですか。いろんな可能性があったでしょう。

横田　リクルート時代から女性社長を応援する仕事をしたいとは思っていました。私は一〇代の頃、「パン粉になりたい」と思っていたことがあります。人間一人ひとり個性があって、考え方も違う。でもだからこそ、その個性を組み合わせることで新しい何かが生まれる。そして自分はその時につなぎのような役割を果たしたい。ずっとそう考えて生きてきました。女性社長のネットワークをつくるという仕事も、その延長線上にあるわけです。

といっても、リクルートを辞めた時には具体的なビジネスモデルがあったわけではありません。

そこで最初の一年間で女性社長二〇〇人に会うという目標を決め、いろんな伝手を使って片っ端から女性社長に会いました。実際にお会いできたのは一二〇人にとどまりましたが、この人たちと会うことで、徐々にいまの仕事の形が見えてきたのです。

北尾　これからの目標は何ですか。ネットワークを大きくしていくことも大切ですが、そのネットワークを使って何をするかがこれからは問われてきますね。

少子高齢化を女性が救う

横田　この八月に「ウィーミンズ！」というＥＣサイトを立ち上げます。これは初めて外部資本と組んで始めるもので、女性社長の手がけた逸品を世界に発信しようというものです。単なるＥＣサイトではなく、ツイッターやフェイスブックと連動して、ここで取り上げた商品を応援していただけるようになっています。

女性社長を応援しようという人はけっこういるんですが、これまではどういう人が応援してくれているのかよくわからなかった。これを可視化しようというのも「ウィーミンズ！」の狙いの一つです。

北尾　いま日本は少子高齢化時代を迎え、労働人口がどんどん減っています。これを補うためにも、女性の活用がいままで以上に必要になってくる。女性社長ももっともっと出てこなければならないし、出てこられるように国としても支援しなければならない分野です。僕はよく言うんだけれど、企業は社会に貢献して、初めて永続的な発展がある。その意味からしても、横田さんのやっていることは社会的意義がある。

横田　先ほど言ったように、女性社長の会社というのは小さいところがほとんどです。それでも、そんな会社が一〇万社生まれれば、五〇万人の雇用が確保できるわけです。そのためにも女性社長同士が連携し、情報を共有していくことが大切だと信じています。

アンドロイド搭載ロボットをグーグル創業者に売り込め！

木島貴志

ナノコネクト社長

2011年10月号掲載

きしま・たかし 1981年5月19日生まれ。鳥取県出身。小学校時代からプログラミングを始め、学生時代の2001年、いったん起業するも挫折。その後06年にナノコネクトを設立した。社名の由来は、小さなつながりを大事にしたい、との意。09年SBIビジネスプラン・コンテストで最優秀賞を受賞した。

株式会社ナノコネクト

2006年3月設立

事業内容　グーグルが開発したアンドロイドにいち早く注目。アンドロイド技術者のトレーニング・養成を行うなどの教育事業を行う一方、Android×クラウド×組込みの3本柱によるシステム開発サービスを提供している。

http://www.nanoconnect.co.jp/

真っ先にアンドロイドに注目

北尾 木島さんは、二〇〇九年の第一回SBIビジネスプラン・コンテストの最優秀賞を受賞しています。確かアンドロイドによる教育システムでしたね。当時はまだ、アンドロイドに目をつけたところはあまりなかった。その時のコメントで確か言ったと思うけれど、僕はアンドロイドは必ず主流になると思ってた。それをビジネスに結びつけた一番早い会社がナノコネクトでした。この目のつけどころはなかなかたいしたものです。

木島 最初にやり始めたのは二年半前です。当時はいろんなオープンソースのOSを研究していたのですが、そこにグーグルのアンドロイドが出てきた。アンドロイドの思想というのは、何千億円もの開発コストをかけたものをグーグルが無償で配布して、しかも投資をずっと続けていくというものです。それによって顧客を広げ、最終的にはクラウドコンピューティングサービスで囲い込んで回収しようとしている。この思想を聞いた瞬間、絶対これは流行ると思って、アンドロイドを事業の中心に置こうと考えたのです。

北尾 先日、グーグル創業者のエリック・シュミット氏が来日した時にお会いしたのだけれど、なかなかたいした男ですよ。僕にしてみれば、グーグルが金融業に出てきたら大変なライバルになると思っていたから、それを聞いたところ、金融業には出ません、とはっきり言う。金融は特殊な業界だから素人には無理だと。彼は、ビジネスの中心はあくまで広告だということを強調していて、広告も最後はブランドで、グーグルはすでにブランドになったから、広告はそこについてくる、と言うんですね。

なるほど、と思ったけれど、木島さんもグーグルのように、日本初、世界初の何かをつくってもらいたい。目のつけどころが早いし時代を読む目を持ってるんだから。それをブランドにして世界に広めてほしいですね。

木島 がんばります。

北尾 受賞したのはアンドロイドの教育システムでしたけれど、事業はそれだけじゃないでしょう。

木島 ええ。一つはアンドロイドシステムの開発です。具体的には、スマートフォン向けに公開されているアンドロイドのアプリケーションをスマートフォン以外に移植して、納品しています。

二つ目にはクラウドシステムの開発で、クラウドサービスを実現するためのプラットフォームをつくっています。

三つ目がエデュケーションシステムで、その中の一つにアンドロイド技術者を四ヵ月で養成するというものがあります。日本ではアンドロイドのエンジニアが全然足りません。そこで養成しているのですが、昨年は八〇〇人が修了し、今年は一四〇〇人が受講しています。これは日本では一番の数字で、しかも二位を大きく引き離しています。

受講は、どこでもパソコンででき、ビデオ講義をどこでも受けることができます。

さらにクラウドサービスＣＥＤＰ（クラウドエデュケーションプラットフォーム）ならパソコンとスマートフォンの両方で受講が可能で、アンドロイド技術者育成以外のさまざまな分野に応用が利きます。

例えば大学なら、スマートフォン端末で学習もできますし、ビデオ講義とか小テストも行うことが可能です。あるいは成績管理、進捗管理、生徒管理も全部できますし、ＳＮＳも立ち上げることができるので、学校からの連絡など情報共有ができる。

あるいは企業が使っても、営業日報をこのシステムの上で動かせますし、新商品についての教育も行うことができます。農業に使えば、農業日報を書いたり、指導者からの農作物の育て方などについての教育も行えます。そういういろんな展開が可能です。

グーグルに売り込め

北尾　ロボットもやっていましたよね。
木島　ええ、ドロイドくんという二足歩行するロボットです。これもエデュケーション事業の一環として始めたものです。僕はアンドロイド普及の取り組みとして、二年半前から月に一回から五回ほど、神戸大学などの大学や産業技術センターなどで無料の講演会を開いています。始めたころはアンドロイドってなんだという反応でしたが、しばらく実施していると毎回一〇〇人以上集まるようになりました。そしてこの講演ではアンドロイドを体験してもらう場合もあるんですが、その時は携帯電話を使ってこのロボットを制御してもらっています。

実はこのロボット、開発するのに三〇〇万円ぐらいかかっているんですが、そこには助成金という形で税金も投入されています。だから社会貢献で少しは恩返ししようと考えています。失業者対策としてアンドロイド教育をするのもその考えに基づくものです。先ほど説明したエデュケーション事業は四ヵ月かけるものですが、こちらは半年かけて勉強してもらう。そしてスキルを身につけることができれば、就職も有利になります。実際、受講した人の半分程度の方は就職できているようです。

北尾 それはすごいですね。立派な社会貢献ですよ。

木島 ロボットに話を戻すと、最近、すーぱーどろいど君というロボットを開発しました。これはアンドロイドを搭載したロボットで、タッチパネルLCDとカメラとGPSがついていて、遠隔制御や家電制御が可能です。これは一台一〇〇万円します。アンドロイドの研究のためにつくったようなものですが、もの好きな大学教授の方が、研究費が認められたら一〇台まとめて買うと言ってくれています（笑）。

北尾　僕ならどうするかというと、エリック・シュミット氏に手紙を書きますね。こういうロボットをつくったけど、見てくれないかと。それでエリックの前でデモができれば、彼は間違いなく食いつきますよ。そうなればグーグルが一〇台や二〇台は買ってくれる。そのことだけで、ものすごい宣伝になりますよ。

木島　面白がってもらえますか。

北尾　絶対、興味を持ちますね。ロボットとアンドロイドの組み合わせは実に面白い。世の中のイノベーションのほとんどは組み合わせによって起こっています。金融なら株式と社債を組み合わせて転換社債が生まれたように、組み合わせなんですよ。いま流行りのスマートグリッドだって、クラウドコンピューティングとエナジーマネジメントの組み合わせでしょ。アンドロイドとロボットとの組み合わせもその一つで、エリックなら、こういうのに必ずピンとくると思う。

木島　わかりました。帰ったらさっそく手紙を書きます。

北尾　手紙には、日本でアンドロイドを広めるためにいろいろやっていると、その歴史を書く。技術者を養成しているとか、職業訓練をやっているとか、そういうことも書いて送ればいいし、なんなら僕が紹介状を書いてあげますよ。

木島　ぜひお願いします。

北尾　これがきっかけになって、ナノコネクトという会社に対して興味を持つかもしれない。グーグルとして応援したいとなって、出資したいと言ってくるかもしれないですよ。もし仮に、グーグルが五％か一〇％、株を持ったらどうなるか。それだけでナノコネクトの知名度はものすごく上がるし、今後株式公開する時には、公開バリューはものすごく上がります。

木島　そうなったらうれしいですね。なんだかそうなるような気がしてきました。ありがとうございます。

志が会社を動かす

北尾　会社設立は二〇〇六年。この時はまだアンドロイドはなかったでしょう。最初は何をつくっていたんですか。

木島　アンドロイドを始めたのは〇八年後半のことです。もともと僕は家電製品や機械に組み込まれるシステムのエンジニアで、〇六年に資本金一〇〇万円、自宅の一室でたった一人でナノコネクトを立ち上げました。その時考えていたのは、ユビキタスネットワークの市場でオープンソースのミドルウエアをつくって販売していこうということでした。それで社員が五〇人くらいになった頃にアンドロイドに出会いました。いちばん最初に言ったように、グーグルの考え方なら、絶対にアンドロイドの時代がくると直感的に思って、社員に言ったんですよ。「これからアンドロイドやるぞ」と。ところが社員全体が猛反対です。ちょうどリーマン・ショックの直後で、世の中がどうなるかわからなくなっていました。だから社員にしてみれば、わけのわからないものにお金を突っ込んでどうするんだ、と考えたんでしょうね。

そこでどうしたかというと、志の高い、僕の考えをわかってくれそうな社員を選んで一人ずつ面談して説得していきました。そういう社員五人ほどと、勝手に水面下で始めました。このメンバーで、アンドロイドのアプリケーションなどをある程度して、さらには将来のビジョンもつくってから、もうここまでやったんだと社員に伝えました。そうすると社員の中にも、もしかしたらいけるかな、という人が増えてきた。この段階で、お金も借りて、思い切って投資に踏み切ったわけです。

それがうまくいって、いま、回収の段階にきています。会社の売り上げのうち、アンドロイド関連が七割を占めていますし、受注の状況から、今期、最高売上高と最高益を上げることは確定しています。

人間というのは新しいことをやろうとすると、ものすごく力が出るものなんですね。

北尾　いま、志の高い人を説得したと言ったでしょう。それが大事なんです。事業をやるには志がなくてはならない。志があれば、最初は反対していようが、いずれはみんながついてくる。志の高い人、志を同じくする人がいることが、事業するうえで非常に大事なんですよ。

それにあなたは目が純真なのがいいですよ。笑顔もいい。こういうことは非常に大事なんですよ。僕のところへお金を出してくれと言ってくる人の中には銭ゲバみたいな顔した人もいるけれど、そういう人にはお金は出しません。

それにしても、あなたは全然会社勤めの経験がないですよね。ずっと起業しようと考えていたんですか。

木島 小学校の頃から社長になりたいとずっと言い続けてきました。しかも同じ頃、父がPC98をもらってきて、僕はそれが好きで一人でプログラムを作り続けてきました。だからいまの仕事は天職ですね。

ただ、学生の時からプログラムの受託をしていて、一度、二〇歳の時に独立しています。だけど経験不足もあってうまくいかずに失敗してしまった。借金も背負うことになりました。そこで再び個人でプログラムを受託しながら、土日は図書館で猛勉強です。それでもうそろそろいけるかなと思っていまの会社、ナノコネクトをつくったのが〇六年なんですよ。

仕事も結婚も決めたら貫く

北尾 けっこう苦労されてるんですね。いまおいくつ？

木島　三〇歳です。

北尾　まだ若い。これからなんでもできるでしょう。それに先ほどいまの仕事が天職だと言ったけれど、好きなこと、やりたいことをやるのがいちばんいいんですよ。なりたいものがあるから、寝ないで頑張ることができる。僕も六〇歳を過ぎるいままで、ずっと四時間睡眠でやってきている。その時間をつかって本を読んだり勉強してきた。

　ゴルフだって野村証券の事業法人部長時代は仕方なくやったけれど、その時以外は時間の無駄だから一度もやっていない。ゴルフに行ったら半日つぶれてしまう。二度とない人生、そんなことで無駄にしていいのかと自問自答したらノーだった。刹那が一日になり、一年になる。だから無駄にすることなく、いちばん大事なことに使うということですよ。やりたいことや楽しいことに使うんです。

木島　僕はいま、楽しくてしかたないです。

北尾　それは何よりです。結婚はしてるの？

木島　しています。二三歳で結婚して子供も三人います。

北尾　ずいぶんと早い。会社の経営だけをやってきたのかと思ってた（笑）。

木島　仕事でもなんでも、決めたことは絶対やるという主義なんですよ。近くのコンビニで働いている人にひと目惚れして、結婚しようと。それでアタックした結果です。相手は僕より二つ下で当時二一歳の大学生でした。大学に通いながら子供を生んで、育ててくれた。私は私でそれから間もなく会社をつくっています。

北尾　すごい行動力ですね。起業するにはそのぐらいの行動力が必要なんですよ。

こういう人が社長をやっているかぎり、この会社は必ず伸びていきますよ。国内での展開のみならず、世界を目指して、日本初、世界初というモノで世界を驚かせてほしいですね。

木島　ありがとうございます。私としては、三〇代半ばまでに会社を上場させて、その資金を使って新しい分野に出ていきたい。やりたいのは、家電メーカーになって、家電とインターネットが完全に融合するようなシステムの組み込まれた製品をつくっていく。いまはそのための準備期間だと考えています。

シニア世代の戦力化が日本経済を活性化する

慶長久和

日本シニア総合研究所社長

2011年11月号掲載

けいちょう・ひさかず　1960年生まれ。岩手県出身。IT業界のソフトウェア開発のエンジニアとして、ノーザン・テレコムなど外資系勤務を経てITコンサルタント会社を起業し独立を果たす。2009年日本シニア総合研究所を設立し、10年10月1日からシニア向け仕事情報サイト「SeniorJob.jp」をスタートした。

株式会社日本シニア総合研究所

2006年6月設立

事業内容　シニア活性化のためのさまざまな事業を展開。40代、50代のシニア予備軍から60代以上の定年退職者がインディペンデント・コンストラクター（独立業務請負人）として仕事をしていくための情報交換ができるコミュニケーションサイト「SeniorJob.jp」を運営。

http://seniorjob.jp/

能力あれど仕事なし

北尾　慶長さんはシニア向けに仕事を紹介しているそうですね。いま日本では少子高齢化によって労働者人口が減少しています。これを解決するには二つしかない。一つは移民を受け入れる。しかし日本では移民に対する抵抗が強くて賛成する人は少ない。となると、あとは高齢者と女性を戦力化するしかないけれど、日本にはシニアを戦力化する仕組みそのものがない。

慶長　私自身、転職における苦労を体験しています。実際、いまの日本では四〇代になってしまうとなかなか転職できません。ハローワークに行ってもマッチングされない。これが日本の現状であり、歪みです。

求職者が四〇歳未満の人であれば、ハローワークで仕事を見つけることができる。逆に七〇歳以上になれば、介護など、ハード的にもソフト的にも国が助成する仕組みが整っています。ところが四〇代から六〇代の世代の人は、いったん会社組織から離れてしまうと働きたいと思っても働く場がない。就職先が見つからない。シニア世代になっても健康であれば働きたいじゃないですか。けれどそのためのセーフティネットが整っていません。

それならば自分でやろうではないかと興したのがこの会社です。ただ、私は以前、ＮＰＯ法人に携わっていた経験があるからこそわかるのですが、こうした事業をやるにあたってＮＰＯとかＮＧＯ、財団法人などでやろうとするとどうしても限界があります。利益を得るにも、それを再投資するにしても、あるいはいろんな企業とコラボレートしようとしても、けっこう不便なんですね。だとしたら、株式会社しかない。株式会社なら制約なくあらゆる企業とコラボできますから。

北尾　僕は今年で六〇歳になったけれど、だからといって、体力、気力、知力が若い時と比べて落ちているかというとまったく変わらない。人生五〇年時代はもちろんのこと、一〇年前、二〇年前の六〇歳に比べても、いまの六〇歳ははるかに若い。五〇代前半ぐらいと考えていいと思う。だからシニアだって十分に働くことはできる。

ところが、僕の同期で野村に残っているのは古賀信行会長ぐらい。ほかの証券会社に移ったり外資系にいったりしたけれど、そこでもほとんどの人が残っていない。学生時代のクラス会に行っても、次の仕事がないかなあとか、そんな話ばかりですよ。慶長さんが言われるように、ハローワークが機能するのは四〇歳までですよ。それなのに、六〇歳を過ぎても十分に働けるという人は多い。この人たちをどうするかというのは社会的に見て大きな問題です。その意味で、慶長さんのやっていることは社会的に意義があると思います。

慶長　しかもいまでは年金受給開始年齢は六五歳です。六〇歳で定年退職したあと、嘱託で働くといってもせいぜい二、三年のぐらいのものですから、六五歳になるまでの数年間は収入がまったくなくなってしまいます。そして受給開始年齢は今後さらに遅くなる方向へ進んでいます。この間、シニアたちはどうすればいいのか。そのための制度がまったくないのが現状です。

五五歳から六五歳の一〇年は団塊世代とそれに続く人たちですから、人口が非常に多い。ところがこの一番大きいボリュームが経済活動に関われないとしたら国家的損失です。仕事がないということは、当然のことながら所得税を払わない。そのうえ年金ももらえないとなれば消費を抑えますから、消費税もあまり払わなくなる。働いてない人が多くないということは、単純に言って収入がないから消費しない。だから消費税も落ちない。これはおかしいですよね。日本経済に貢献してもらうという意味でも、シニアの人たちが働くことのできる環境を整えることが重要です。

若手起業家のメンターに

北尾　具体的にはどういう方法でシニアに仕事を紹介しているんですか。

慶長　まず仕事をしたいシニアには、「SeniorJob.jp」というサイトに登録してもらいます。その一方で私どもシニア総研は、商品やサービスを売りたい企業と販売代理店契約を結び、会員登録シニアに営業活動をしてもらいます。ただし登録したシニアの人を社員として雇うわけではなく、人材派遣でもない。独立業務請負人として働いてもらい、その実績に応じて報酬を支払うというシステムです。

いま多くの企業で、マーケティングや営業の人員を削減しています。しかしモノは売りたい。そこでシニアを活用しませんかというわけです。そんな簡単に売れるわけはないと思うかもしれませんが、シニアの人にむずかしい営業をやってもらう必要はありません。商品説明などはスマートフォンやiPadなどを使って動画を見せればいい。

むしろ重要なのは、泥臭い営業によって、売り込み先との接点を持ってもらうことです。自らの営業では手の回らないところに足を運んでもらう。そして興味を持ってもらえたら、今度は商品提供元の営業社員と一緒に行けばいいんです。

北尾　シニアが若い人より何が勝っているかというと、経験知です。あるいは人脈ネットワークなどのように、長いキャリアの中で生み出されてきたものがある。そういうものをいかに伝承させていくかが大切です。最近の企業ではそういう経験知の伝承がなされていません。

いま世界の半導体王国は韓国ですけれど、昔、定年を迎えた日本の電機メーカーの半導体技術者が、韓国企業に半導体の技術を教えたという歴史があります。つまり韓国の半導体事業は日本の技術力でつくりあげられた。それというのも、日本の企業が、そういう経験知を活かしてこなかったからです。

いまだって、多くの技術者が中国や東南アジアの国に渡って技術指導していますが、もったいないといえばもったいない。これを活用する仕組みを本来なら政府がつくるべきだと僕は思うけれど、残念ながらそれはない。

慶長　私どもがいま提供している仕事は営業代行が中心ですが、本当にやりたいのは、インキュベーションです。新しい会社が出てこないことには日本経済は活性化しません。ですから二〇代、三〇代、四〇代の若い世代の人たちにはどんどん起業してほしい。けれども残念ながらいまの若い人たちはメンタリティが弱い。すぐ心が折れたり気持ちが折れたりするところがある。だからこそ経験のあるシニアの人たちが、若手起業家に経験と知見を伝えてほしいと考えています。

ビジネスの壁にぶち当たった時にどうやったら乗り越えることができるかといったことを教えてもらう。毎日、会社に行く必要はありません。週に一、二回、お茶を飲みながらいろんな経験を話したり、営業に行く時も、若い人の場合はそれだけで馬鹿にされることがあるから、同行して横に座って合いの手を入れる。そうやっていろんなサポートをしてあげる。

北尾　誰もが起業することはできるんだけど、起業して成功させるということが、これは非常に難しいことです。だから起業の経験があるシニアならなおさら、これから起業しようという人にアドバイスできると思うんですね。アントレプレナーになりたいという人は多いですが、起業して成功するためにどういうことが必要なのかということを十分にわかっていない場合が非常に多い。ただ夢だけ膨らましている。だけど夢と現実の乖離は必ずあるわけです。それをどうやって埋めていくか。それを経験者が語り教えるということをしていけば、必ず成果が出ると思いますね。

慶長　シニアの人たちには、そういう若い人たちのメンターになってほしいですね。

北尾　最近の若い人は、自分の師匠を持ってない人が多い。昔は誰もが持っていたものです。そして師から学ぶことが人間形成において非常に大事だと考えられていたし、師を探して世界中を旅する人もいた。

　ところが最近の若い人は師を持とうとしないし、師を持つことに恥じらいがある。学校の先生と生徒の関係も薄っぺらになり、会社の先輩と後輩の関係も同じです。昔のマイスター制度とまではいかないけれど、師から学ぶところがあってもいいと思いますね。求めれば、シニアの人たちは、教えることに関してはまったくやぶさかでない。むしろ自分の生きがいとして教えてくれると思いますけどね。

CSRの新しい形

慶長　シニア個人にとっても社会貢献になる。お金がどれだけもらえるということよりも、新しい仕事に携わり、自分の価値、存在を認めてもらうことでワクワクドキドキする。その環境と仕組みを私どもがつくって提供する。こうやって新しい会社をインキュベーションして育てていく。新しく会社ができれば新しい雇用が生まれます。そうすると日本が活性化していきます。

北尾　シニアの方、あるいはシニア予備軍の方というのは、すでに子供さんが自立していたりして、比較的経済基盤が確立されています。退職後の収入や年金の問題はありますが、必ずしもお金儲けをしなければいけないということではありません。そういう意味ではお金儲けのために働くというのではなく、残された人生、若い人と触れ合い、自分がやってきたことを伝承していく。

　そういうことを生きがいにしたいという方は多いと思いますね。年寄りは若い人を友達に持て、若い人は年寄りを友達に持てと言いますが、お互いに得ることは多いのです。

慶長　しかも外に出て歩くこと自体が健康維持になります。だからシニアは外に出ましょう。出て経済活動に関わりましょう。いろんな企業に行ってコミュニケーションをしましょう。それで脳が活性化されたら認知症にもなりません。

北尾　脳の萎縮と使用とは密接にかかわりがあるんですね。脳というのは常に使い続けないといけないんです。そのためには外に出ていろんな人とコミュニケーションし、いろんなことを考えることが脳の健康につながる。

　それと同時に毎日出て行く先があるということはもう一つ意味がある。奥さんにとって、夫がいつも家にいるというのはけっこう深刻な問題です。「今日もこの人の昼ご飯をつくらなければならないの？」となりますから（笑）。女性は女性で、家の中に一つの世界を持っています。ところが夫がいるとそれを崩さないといけない。それが耐えられない。下手をすると最近はやりの熟年離婚につながってしまう。

だから出かけてすることがあるというのはとても大切なことです。しかも自分のやっていることが有り難がられればもっといいし、さらにそれで収入を得ることができれば言うことはない。

慶長　シニアを活用するということは社会貢献活動でもあると思います。私どもはいま、上場企業を中心にスポンサー企業を募集しています。われわれの活動に協賛していただいた企業にスポンサー企業になっていただき、この会社を定年退職した人や早期退職した人たちを「SeniorJob.jp」に登録してもらい、その費用を企業が負担する。そうやって退職後の人生をケアしてあげる。

これまでの企業は、定年退職を迎えた社員に対しては、退職金を支払ってそれで終わりでした。でもそうではなく、第二の人生への不安をできるかぎり取り除いてあげる。これも立派な社会貢献です。日本でCSRというと、CO2削減に代表される環境問題などが中心ですが、こういう形のものがあってもいい。スポンサー企業は、シニアに対する支援を行っていることをアナウンスすることで、会社のイメージを上げることも可能です。

北尾　大手企業が「シニア」と言う時は、これまではシニアに何が売れるかなど、シニアのマーケットのことばかりを考えてきました。けれど、シニアが自分のところで働き学び培ってきたさまざまな技術や経験が社会に活かされていくようにしようというのも、非常に大事な企業の社会貢献です。

アメリカでは「プロボノパブリコ」という言葉が定着しています。ラテン語で「公共善のために」という意味ですが、善のために企業がいかに次のアクティビティを提供していくか。これはCSRの中でも重要な考え方となってきています。

慶長　おっしゃるとおりで、プロボノは私たちが強く訴えたいことの一つです。ただ、なかなかそのことを理解していただけない。二言目には「そんなCSRは前例がない」と言われてしまいます。

いずれは中国、韓国へ

北尾　いかにも日本的な考え方ですね。「前例がない」とか「他社がどうか」、そんなことばかり気にしていて、意義のあることでも取り入れようとしない。慶長さんのやっていることは、本当は行政も一生懸命取り組まなければならないことなのに、彼らは、現実の社会で何が起きているか、ぎりぎりのところにならないと気がつかない。常に後追いでしか物事を考えないところがありますからね。雇用は大事だと言いながら、具体的にどうするか、まったく動こうとしない。

でも公務員にしても、これからは以前のように天下りすることはむずかしくなってきます。シニアの働く場が見つからなければ、自分たちがいちばん困るんですよ。

慶長　自分たちがそうなって、初めてわかるんでしょうね。でもそこで気づいても遅いですよ。

北尾　最後に、これからどのような展開を考えておられますか。

慶長　私たちは民間のハローワークを目指しているので、まずはこれを四七都道府県に広めたいと考えています。すでに新潟には支部ができ、活動を開始しています。もちろん独力で展開することはむずかしいですから、地方の有力企業に協力してもらいながら、仕事の情報も雇用の情報も商材の情報も交換できる場をつくっていきたいですね。そしてさらにはそれがネットワークとして連携しあう形にまでもっていきたいと思います。

もう一つは海外展開です。中国、韓国、台湾に出ていこうと考えています。というのも、この国々でも高齢化が進んでいて、日本と同様の問題が起きてくる。ですから需要があると思います。

北尾　ずいぶんと気宇壮大なビジョンですね。ただそのためには、きちんとした戦略が必要です。よく「走りながら考えろ」といいますね。企業経営するうえでこれは真理なんですが、時にはじっくりと考えることも大切です。野村証券時代、コタブさん（田淵義久元社長）に伺ったんですが、コタブさんは大先輩の北裏さん（喜一郎元社長、会長）から、「座りながら走れ」と言われたといいますからね（笑）。時にはじっくり考えて戦略を策定するかどうかで、その後の展開はまるで違ったものとなると思いますね。

慶長　わかりました。肝に銘じます。

スシローを回転寿司首位に押し上げた〝PR〟の底力

西江肇司

ベクトル社長

2011年12月号掲載

にしえ・けいじ　1968年岡山県生まれ。関西学院大学社会学部卒。大学在学中からビジネスをはじめ、1993年にベクトル創業。当初はセールスプロモーション事業を中心に展開してきたが、エキサイトとのPRコンサルティング契約を皮切りに、2000年よりPR事業を中心とした体制に本格的に移行し、いまや業界3位に。ベクトルは持ち株会社で、傘下にアンティル、プラチナムといった事業会社がぶら下がっている。

株式会社ベクトル

1993年3月設立

事業内容　総合PR会社。「モノを広める」プロとして、マーケティング分野にＰＲを活用する「戦略ＰＲ」サービスを顧客企業に提供。傘下に株式会社アンティル、株式会社プラチナム、株式会社PR TIMES、株式会社VECKSなどがある。

http://www.vectorinc.co.jp/

広告予算カットが追い風に

北尾　最近、よくテレビの情報番組で、外食産業の裏側とか、食品会社の工場が取り上げられていますね。

西江　テレビ局に制作費がなくなったためと言われています。例えば回転すし屋に行って取材したところで経費はほとんどかからない。しかも視聴率はそれなりに取れるし、テレビ局にとってはこんなに良い話はない。実はそういう番組にも僕らはけっこう絡んでいます。

北尾　それがベクトルの面白いところですね。これまで企業は広報を自分のところに抱えていたけれど、効率が悪い場合が多かった。一生懸命広報してもなかなかメディアに取り上げてもらえない。ところがベクトルのような専門家にまかせることで、メディアへの露出が格段と増える。しかもインターネットやユーチューブ、フェイスブックをどう使うかというノウハウも持っている。これを自社で抱えるのは容易ではないですからね。だからこの分野をアウトソーシングしようという動きはますます強まるでしょうね。

西江　リーマン・ショック以降の不景気で、企業は広告予算を絞っています。といって、消費者に自分たちのことは知ってほしい。だからこそ僕らのようなＰＲ会社がお手伝いできる。広告だったら何億円も必要なのに、ＰＲならその十分の一ほどの予算で同様の効果を生むことも可能ですからね。そこで僕らとしても、これまでは広報予算でやっていたＰＲを、宣伝予算でやるような戦略をたてて進めています。

北尾　そうなると、広告代理店と真っ向からぶつかってしまうんじゃないの。

西江　そうじゃないんですね。いまの時代、ただコマーシャルを打っただけではそんな単純には売り上げ増には結びつかない。そこでＰＲによって、コマーシャルをより目立つようにする。そうすると同じお金を使っても、その効果は何倍にもなるんです。

アメリカの大統領選はその代表的な例です。前回はオバマ・ガールというのが有名になったけれど、これはＰＲの手法です。あるいは昔だったら大金をかけてコマーシャルを何本も流していた。ところがいまでは、何十本というコマーシャルをつくって、そのこと自体を話題にする。そうなると、メディアの側が勝手にそのことを報じてくれる。実際に流すコマーシャルはほんの少しでも、みんながそのコマーシャルを知ることになります。つまりＰＲプラス広告というスタイルです。それが僕たちの得意としているところです。

北尾　西江さんは学生起業家ですよね。

西江　学生時代の起業の動機は単純で、お金持ちになりたかった。まず、学生のパーティや旅行ツアーなどを企画して人を集めるようなことをはじめ、そこに企業の協賛をとりつけたりしてました。

当時はまだバブルの末期でしたからね、そういうビジネスが成り立った。その流れで、卒業してから会社をつくったようなものです。

北尾　最初はPR会社をつくろうと思っていたわけではなかったんですね。

西江　とにかく営業が得意だったので、学生相手にモノを広めませんか、と言ってクライアントを広げていきました。学生のマーケットがわかっているというのが、最大の売りでした。

北尾　企業にしてみれば、学生というのはすぐに次の消費者になる。だから金融機関でも、そこを狙ってカードを発行したりしてましたね。

西江　まさにそのとおりで、クレジットカードを発行するために学生たちを集めたりして。その集めた人数に応じて報酬が発生する。そういうことをやっていました。

それがPRをやるようになったのは、あるクライアントから依頼を受けて、他のPR会社につないだんですよ。ところが、そのPR会社はクライアントをテレビで取り上げさせると言っていたのに、本来放映されるはずの金曜日に放映されなかった。それで僕も月曜日にそのクライアントから呼び出しを受けて、けっこう大ごとになったんです。そこで、だったら自分でやるしかないなと思って、テレビのプロデューサーに会いにいったりしたら、放映してもらうことができたんです。これならできるんじゃないかと思ったのが一九九七年ぐらいですね。ですから最初はテレビのタイアップ屋さんのような形でクライアントを取るようになって、九九年に初めてリテーナー契約（継続的契約）をエキサイトと結ぶことができました。

数十億円の広告効果

北尾　そうすると、まだ一〇年ちょっとしか経っていないことになりますね。来年上場を目指しているというけれど、よく、ここまで成長できましたね。

西江　もともとクライアントを取るのは得意だったんですが、いいクライアントを取るとメディアもついてきてくれる。それと、ＰＲ業界は一九四〇年代に始まったのですが、当初はニュースリリースをつくってメディアに流せば商売になっていたんです。そしていまも、そういう体質が残っている。メディアを知っている、人脈があるというだけで商売になっているところがある。そこをもう少し工夫することで、よりメディアに取り上げられやすくなる。

ＰＲの効果というのは、よく広告換算でいくらになったかという数字で表します。クライアントの一社にスシローがありますが、三年前まではメディアへの露出はほとんどなかったから広告換算もゼロでした。ところが僕らがＰＲを引き受けるようになって、さまざまな情報番組で取り上げられるようになりました。広告換算にすると数十億円ほどになりますね。実際、テレビで取り上げられると、その翌日には一〇〜二〇％ほど売り上げが上がりますから、その効果は非常に大きいんですよ。

北尾　昔はマスプロダクションして、マスメディアを通じてコマーシャル流せばそれでモノが売れたし、広報や宣伝の仕事はそれで終わりだった。だけどそのやり方では、ほとんど効果がなくなってしまったんですね。だけど、情報番組で取り上げてくれるだけで売り上げがそんなに違って、しかもコストもそれほどかからないのなら、どの会社でも、取り上げてほしいと考えるでしょう。すると、それだけ競争が過激になる。その中で、どうやってPRをしていくんですか。

西江　よく言われるのはテレビ局の人との人脈ですが、それはあって当たり前です。ただ、僕らの人脈というのは、テレビ局のお偉いさんを知っているというのではありません。それよりも、現場で、雑誌で言えばページを持っている、つまり、何を取り上げるかを決める人たちをいかに知っているかだと思います。この人たちに、きちんと情報を届けていくことが大切です。

そのうえで情報開発というのをやっていきます。その時々で、テレビで取り上げられやすいテーマというのがあるわけです。たとえばいまは東南アジアの話題なら、メディアが飛びつきます。そして東南アジアでどんなことが話題となっているか、情報を提供して、そのうえで、クライアントの東南アジアに関する話題を持っていく。こういうやり方をすることで、取り上げられる確率は高くなります。

あるいは、意図的に戦争をしかけていく。例えば、飲食なら低価格戦争や、少し前であればジーンズ低価格戦争が話題になっていました。ユニクロが一〇〇〇円ジーンズを発売したら、すぐにイオンが八〇〇円ジーンズというのを出していく。するとメディアの側で、格安ジーンズ戦争という形で取り上げてくれる。そうすると、コマーシャルをそれほど打たなくても、消費者は認知をしてくれるんです。僕らの仕事というのは、クライアントの依頼を受けながら、どうやったらメディアに乗せることができるかを考える、一種のコンサルティングだと考えています。

北尾　自分の会社だけでPRをしようとすると、こうはいかない。周りのことを考えず、いかに自分のところの商品やサービスだけを取り上げてもらうかということしか考えない。だけどそれだとメディアの側も取り上げようとは思わない。

西江　しかも広告のような企業の一方的な発信では、消費者はそんな簡単には信じないけれど、情報番組で取り上げられると、浸透力ははるかに強い。

PR業界のベンチャー企業

北尾　実はSBIグループではいまALA（5－アミノレブリン酸）事業に力を入れています。ALAは動植物の生体内に含まれるアミノ酸の一種で、生命の根源物質とも言われています。このALAを使った健康食品や、将来的には医薬品を販売していこうと考えていますが、いままでSBIグループは金融商品しか扱ってこなかったから、どうやって売っていいかわからない。だから今日は西江さんが来ると聞いて、相談に乗ってもらおうと考えていたんですよ（笑）。

西江　健康食品の場合、効能をうたうことができないから、独特のノウハウが必要です。

北尾　そうなんですよ。だから研究所をつくって、その研究成果を発信しているんですが、その研究成果をもとに、それをフォローする宣伝広告を打っていこうと考えています。といって、サントリーや、やずやのように大量の宣伝を打つというのもね。

西江　そうですね。メディアが自分たちから情報を取りにくるようになれば、成功です。

北尾　すでにテレビに取り上げられたこともあります。脳腫瘍の手術前にALAを経口投与すると、光を当てることで腫瘍のところだけが赤く光る。これによって悪性腫瘍の患部をきれいに切除できるわけです。その様子をテレビで放映してくれたけれども、これはインパクトが強かった。こういうふうに取り上げてくれるとありがたいですね。

西江　どういうやり方ができるのか。さっそく、会社に戻っていくつか案を出しますよ（笑）。

北尾　ところで、広告業界の場合、一業種一社という原則がありますね。ＰＲ業界の場合はどうですか。

西江　だから持ち株会社にしてベクトルグループにしているんです。ベクトルの下にアンティルやプラチナムといった事業会社がぶら下がっている。それぞれの会社が対応することで一業種一社の原則を守ることができます。こうした事業会社をどんどん増やしていこうと思います。海外の会社もそれぞれぶら下がる。
こういう仕組みにするのはもう一つ意味があって、一つの会社の社員数はせいぜい一〇〇人までだと思っています。このぐらいのユニットがいちばん動きやすい。それより大きくなりそうだったら分割して適正規模を維持していく。

北尾　そのためには専門家を養成していかないといけないでしょう。中途採用者で経験者を集めているんですか。

西江　もちろん専門家も養成しないといけない。だけど基本は新卒採用です。というのも、お話ししたように、昔といまではPR会社の立ち位置や役割が変わってきています。それなのに、古い経験を持った人を採用したところで、あまりうまくいかない。僕らはPR業界のベンチャーという認識ですから、変に業界のことを知っている人より、まっさらな新卒を採用したほうが育てやすいんですよ。

北尾　若い人は感性がありますからね。しかもインターネットによって新しいメディアも増えてきた。そうなると余計、若い人の感性が大事になってくるでしょうね。

西江　おっしゃるとおりですね。テレビにしてもインターネットにしても、基本は同じです。どうやったらメディアに取り上げてもらうか、そのために知恵を働かせるわけですから。ただ、メディアによって特性が異なります。たとえばヤフーのトップページに乗せるにはどうするかというと、最初のニュースの見出しの文字数は一三文字以内です。ですから、キーワードをうまく使って一三文字で落とし込む工夫が必要になってきます。

目指せPR業界の電通

北尾　上場すれば、会社も次のステップに進むことになりますね。

西江　上場を目指したのは、区切りとしてやりたいと思っていたからです。おかげで、それまでのアバウトな経営から、かなりきちんとした会社になったと思います。

そのうえで、これからはアジア展開をやろうと。すでに上海に出て、最近、北京にも進出しました。僕自身、月のうち三分の一は中国で仕事をしています。中国ではPRというのは成長産業です。アメリカと同じようにチャンネルが一〇〇以上もあって、番組の視聴率はせいぜい〇・一〜一％。こういう状況だと、テレビコマーシャルではあまり効果がなく、むしろPRのほうが需要がある。だからまずはここを攻める。

いまやっているのは、中国に進出する日本企業のお手伝いです。中国を目指している企業は多いのですが、どうやって中国市場で認知度を高めていったらいいかがわからない。そこで僕らの出番がある。それをアジア全域に広げていって、グローバル・サービスファームのＫＰＭＧのような、コンサルティング・ファームを目指していきます。ＰＲ会社として日本一のブランド、ＰＲ業界の電通のような存在になりたいですね。

北尾　西江さんはいま四三歳でしょう。これから六〇歳までが、経営者としていちばん脂の乗るいい時期ですね。しかもＰＲという手法は、いま時流に乗っている。もっともっと発展していきそうですね。

西江　実は僕自身、ここ七年間ほど体調をくずしていてほとんど仕事ができてなかったんですよ。とてもつらいのに原因もはっきりしなくて、自然治癒力を高めるためならなんでもやりました。おかげでこの一、二年、やっとよくなってきて、いまでは思う存分仕事ができるようになった。でもそれで考えが変わりましたね。起業した時はお金がほしいと思っていたけれど、いまはあまりお金のことは考えてなくて、自分の持っている能力をとことん追求したいと思います。

北尾　電力の鬼と言われた松永安左ヱ門が、野村証券中興の祖と言われた奥村綱雄が社長になった時にこう言ったそうですよ。「人間は三つの節を通らないと一人前ではない。一つは浪人、一つは大病、一つは投獄。君は一つも経験していない」。逆に言えば、こういう経験をすると、その間ゆっくり考えることできる。それで人生観が変わることが往々にしてある。西江さんもそうなんでしょうね。

西江　体調が悪い時はしんどくて何も考えられなかったというのが正直なところです。自分のやりたいことができないことが最大のストレスだった。でもいまは自分のやりたいことが全部できる。それがいちばん嬉しいですね。

3歳児の母親が運営する働く親の応援通販サイト

唐松奈津子

スパルタデザイン社長

2012年1月号掲載

からまつ・なつこ　1979年生まれ。お茶の水女子大学、デザイン専門学校を卒業後、2002年リクルートに入社。企画営業職として、住宅情報ナビ開設、住宅情報タウンズ創刊に携わる。その後、ブックデザインへ転職。マネージャー職ならびにチーフディレクター職として、組織運営や人事・教育と、企画・制作活動に携わる。個人事業主として2年働いた後、08年スパルタデザインを設立。デザインの受託制作と、親の在宅ワークを支援する通販サイト「mammani」（マンマーニ）を運営している。3歳の子を持つ母でもある。

株式会社スパルタデザイン

2008年2月設立

事業内容　ママ·パパ視線でママ·パパがつくったママ·パパのための商品を扱う通販サイト「mammani（マンマーニ）」を運営。また、ロゴマーク製作やホームページ製作などを通じて、デザインによる保育機関・教育機関運営や企業経営のサポートを行っている。

www.spartadesign.co.jp/

職場と自宅を一体化

北尾　人口が減り、労働者人口も少なくなっています。このままでは日本は衰退してしまう。日本の場合、移民の受け入れに抵抗があるため、労働者人口を増やすには、女性と高齢者に働いてもらわなければならない。ただ女性の場合、育児の問題がある。特に三歳までの幼児にとって、母親の果たす役割は非常に大きい。紙オムツと粉ミルクがあれば男でも育てることができるかといえば、そんなことはない。抱っこ一つ取っても、父親と母親の抱っこは違いますからね。

でも、日本の活力を考えたら、やはり女性を活用しないといけない。これを解決するには、社会全体で考えなければいけません。

唐松　面白いデータがあるんですよ。GDPの上位三〇ヵ国を対象にした調査ですが、四〇年ぐらい前までは、出生率と女性の労働力は負の相関関係がありました。働く女性が多い国は出生率が低い。逆に、出生率が上がれば上がるほど、労働力は下がる。つまり働ける国か産むことができる国かのどちらかでした。

ところが一五年前になるとこれが逆転して、正の相関関係になりました。働く女性が多い国の出生率が高い。女性が働ける国が産める国になったんです。ということは、日本も少子高齢化に歯止めをかけるには、ここを変えればいい。女性に働いてもらうなら産みやすい環境を整え、多く産んでもらうには女性の労働環境を整えなければなりません。私たちのやっていることが、その一助になればと考えています。

北尾　唐松さんご自身、母親であり経営者です。どうやってそれを両立させてきましたか。あるいは、どういうところで苦労されましたか。

唐松　この会社は二〇〇八年に起業しています。もともとはデザイン会社で、最初のオフィスは代官山に構えました。しかしすぐに妊娠、出産をしたために、職場と自宅を一つにさせてもらいました。母親としての使命を全うしようと思うと、自然と就業時間は保育園に預けることができる一〇時から六時までになります。その時間を最大限に有効活用して働きながら、それ以外の時間はできるだけ子供との時間に充てるように心がけてきました。

私以外のスタッフも、ほとんどが母親です。ですから労働時間については、人それぞれです。在宅勤務の方もいます。子連れ出勤でもかまいません。いちばん自分に合った働き方で働くことが、仕事と育児の両立につながるという考え方ですね。

北尾　職場と子育ての場を一緒にしたんですね。ただこれを普通の企業で取り入れるのはむずかしい。

唐松　当社の場合、まだまだ規模が小さいので可能ですが、大きな会社の場合ならむずかしいでしょうね。中小企業ならではの強みを活かして取り組んでいきたいと考えています。

起業1カ月で妊娠判明

北尾　唐松さんが運営している通販サイトの名前「マンマーニ」というのは、イタリア語で「お母さんの手」の複数形ですね。

唐松　よくご存知ですね。おっしゃるとおりです。

北尾　自分たちも母親だからこそ、世の中の働く母親の求めるものがわかっている。その求めるものをつくって提供するというわけですね。案外こういうサイトは珍しいかもしれない。男性がこういうものを企画したってうまくいくわけがない。実際に子供を産んで育てている人にしかわからないということはいくらでもあるでしょうからね。

それにしても広告デザイン会社を立ち上げたはずなのに、なぜ、このような通販サイトをやろうと考えついたんですか。

唐松　スパルタデザインは、私と、もう一人のパートナーで立ち上げた会社です。会社登記をしたのが〇八年の二月で、四月から営業活動を始めようという話をしていました。ところが登記の一ヵ月後に、パートナーから「妊娠しちゃった。どうしよう」と打ち明けられました。しかもその二週間後には私も「もしかしたら妊娠しているかも」ということになって、結局二人は二日違いで出産しました。

北尾　会社設立、即妊娠ですか。つわりの時期は大変だったでしょう。

唐松　本当に大変でした。でもその大変な思いをしたからこそ、働いているお母さんたちの役に立たなければいけないと考え、マンマーニを〇九年七月にスタートしました。

マンマーニには二つの目的があります。出産を経験していないとわからないかもしれないけれど、お母さんにはわかる、本当にニーズを満たすいい商品を提供しようということがまず一つ。もう一つは子育て中のお母さんたちに仕事を提供する。お母さんたちが企画し、手作りしたものを提供していただいたり、私たちのオリジナル商品をお母さんたちに内職でつくっていただいたりしています。つまりマンマーニを通じて、在宅のお仕事を提供しているわけです。

北尾　販売方法はインターネットですね。

唐松　そうです。ただ現在は販路を徐々に拡大しているところで、リアル販売も始めています。その効果もあって、最近ではようやく事業として取り上げてもいいかなというところまで育ってきました。

主力製品は、リボンテープの両端にクリップがついたチャイルドクリップと、パイル地の四角いハンカチにクリップをつけたよだれかけです。

クリップは、ベビーカーで出かけるときに大活躍します。ブランケットや、おもちゃなどの小物が落ちないようにすることもできます。よだれかけも、本来の使い方だけでなく、ベビーカーにクリップで止めてタオルとして私用するなどさまざまな使い方ができます。

○九年に始めた時は、社会貢献的に何かできればいいかなというぐらい、初年度の売り上げはお小遣いにもならないほどでした。でもいまでは、会社の売り上げの一○％ほどを占めるまでになりました。

起業のきっかけは成り行き

北尾　もともとの本業である広告デザインはどうなっています？

唐松　私は最初、リクルートに入社して、『住宅情報』などに携わっていました。だから、いまでもクライアントでいちばん多い業種は不動産会社です。不動産会社のコーポレートブランドや、住まいに特化したブランドづくり、ホームページの企画・製作・運営などを手がけています。

北尾　不動産ですか。最初に唐松さんが言った、自宅と職場の一体化というのは、働く母親にとっては理想的です。今後、こういうマイホームが増えるかもしれませんね。

唐松　そうなんです。たまたま当社は、子供というテーマと住まいというテーマを扱っています。

そこでこの二つを融合させて、デベロッパーさんに、ご提案しています。
北尾　それにしてもリクルート出身の起業家というのは本当に多いですね。
唐松　ええ。起業家に石を投げればリクルート出身者に当たりますね。やはり江副さん（創業者・江副浩正氏）のおっしゃった「機会を自ら造り出し、機会によって自らを変えよ」という言葉が生きているんじゃないですか。

すべては天命、天の配剤

北尾　唐松さんは直接江副さんの謦咳《けいがい》に触れていますか？
唐松　直接はないですね。入社したのはリクルート事件のあとですから。でも、私がいた時代でも社内表彰の際にもらった、江副さんの言葉の入ったクリスタル製の文鎮を飾っている方がいました。
北尾　そういう環境があるから、起業意欲が高まるんでしょうね。
唐松　でも私はまったく違うんですよ。自分が起業することになるとはリクルート時代にはまったく思わなかった。自分が子供を産むということ、それでも仕事を続けたいということを両立するにはどうしたらいいのかと追求していったら、たまたまこういう形になったんです。言ってみれば成り行き起業です（笑）。

北尾　僕に言わせると、この世の中に成り行きはない。すべて天の命であり天の配剤です。
　唐松さんの場合でいえば、たまたま起業しようという時に、パートナーともども子供ができたのは、偶然といえば偶然かもしれないけれど、そのことによって、「育児のことでこういうことを考えていかない？」という話が自然とできるようになる。職場と住宅を一緒にすることも、あるいは職場に子供を連れてきてもかまわないということについても、お互いが同じ境遇にあるから、「それはやりましょう」とすぐにまとまることができたんです。これは偶然とは言えない何かがあるんですよ。

唐松　そうかもしれないですね。考えてみたら会社を設立した時もそうでした。私はそれまで個人事業主としてデザイナーの仕事をしていました。それが会社を立ち上げることになったのは、まず、パートナーが勤めていた会社が吸収合併されることになり、パートナーは会社を出たいと考えていたという状況がありました。その一方で私は、個人事業主ではなく法人化しなければならないと考えていました。
　というのも、クライアントに大手の不動産会社が多く、そこから個人にずっとまかせ続けるのは辛いという話を聞かされていたからです。そこにパートナーの話があって、これは会社を設立しろと言われているなと思いましたね。

北尾　起業家が多いリクルートに入ったところから始まって、日本の労働力が減少している国で、子供たちをきちんと育てる母親を支援する立場になる。これはまさに天の配剤ですね。日本のためにも、やってもらわなければ困ります。

唐松 日本のためにと考えた時に、育児と仕事の両立はキャッチーなテーマです。ところが残念なことに、ちゃんと両立しているモデルがとても少ない。そこで私自身がモデルになることが使命だと思って、働き方の工夫や、職住近接をやらせていただいています。それと子育てがしやすくなる社会にとって必要なのは〝異世帯と異世代〟と考えています。マンマーニのコンセプトの一つは、他の子育て世帯と助け合っていこうというものです。さらには異世代、おじいちゃんやおばあちゃんの力を借りる。これだけで子育てはずいぶん助かります。

異世帯、異世代との交流

北尾 残念ながら、最近ではおじいちゃん、おばあちゃんが子育てに参加することが少なくなっている。理想的なのは老・壮・幼の三つの層が、互いに自由を維持しながら、それぞれが持っている、たとえば老の経験、壮のエネルギーを利用しあうという環境です。こういうのを唐松さんのところでも取り入れたほうがいい。例えばサイトを通じて、育児にかかわるすべての情報を提供する。例えばおばあさんの経験知というものも入っている。利用者は喜びますよ。

唐松　実はいま、それを考えていて、おばあさんの知恵袋を集めているところです。いずれこれを提供していこうと考えています。

北尾　ところで、なぜスパルタデザインという社名なんですか。社名を聞いた時から、ずっと気になってました。

唐松　先ほど言ったように、この会社は子供のためとか、お母さんの支援事業のために立ち上げた会社ではありません。広告デザインをやりたくて設立しました。私はデザインという言葉がものすごく好きなんです。企画して設計をしてそれを意図的にコントロールしていく。それがデザインです。ですから社名にデザインを使おうというのは最初から決めていました。そのうえで何をしたいかと考えたら、スパルタという言葉が浮かんできました。スパルタとは、スパルタ教育のスパルタです。

　私たちがつくる創作物というのは、自分たちでつくっているからかわいくてしかたがない。どんな作品もいつまでも残しておきたい。しかしそれだけではいけないわけです。なんでも残していくのではなくて、いいものだけを世の中に残していかなければならない。そうした自分たちの戒めとして、スパルタという言葉を選びました。

北尾　自分でつくったものなら全部かわいい。子供と一緒ですね。でもそこで、人の意見を聞いたりして、本当にいいものを残さないといけない。

唐松　本当にかわいいんですよ。だからこその戒めです。

5年で中国200店を目指す？
靴修理のミスターミニット

中西　勉

ミニット・アジア・パシフィック社長

2012年3月号掲

なかにし・つとむ　1953年生まれ。76年早稲田大学商学部を卒業し79年カリフォルニア州立大学でMBAを取得。帰国して父が起業したスーパーマーケット、フレックス（現在はイオングループのマックスバリュ中部）入社。その後、イオンに呼ばれオフィスサプライのオフィスマックスジャパン社長、イオン商品本部長、メガスポーツ社長などを歴任。2010年ミニット・アジア・パシフィック社長に就任した。

ミニット・アジア・パシフィック株式会社

2006年6月設立

事業内容　靴修理と合鍵作成を中心とする総合リペアサービス「ミスターミニット」を展開。ミスターミニットは1957年にベルギーで誕生し、72年に日本上陸。2006年にMBOにより独立し、ヨーロッパを除く地域での営業権を獲得した。現在海外5ヵ国を含め約500店舗。

www.minit.co.jp/

市場縮小時代に生きる

北尾　ミスターミニットというと、もともとヨーロッパ生まれですね。社名にアジア・パシフィックと付いているということは、アジア太平洋地域がテリトリーなんですか。

中西　基本的にはヨーロッパ以外の全地域が当社のテリトリーです。

おっしゃるようにミスターミニットはベルギーで生まれた会社で、ヨーロッパで成長し全世界へと広がっていきました。日本には一九七二年に進出しています。ところが、その後ヨーロッパの事業がおかしくなって、これを再建しなければならなくなった。そこで当時世界で最も収益の上がっていた日本の事業を売却しようということになったのです。そこで当社はＭＢＯで独立することにして、ヨーロッパ以外での経営権を取得しました。二〇〇六年のことです。

北尾　どうしてヨーロッパはおかしくなってしまったんでしょうね。

中西　サービスを拡大しすぎたんですね。靴の修理だけでなく、写真の現像・プリントやクリーニングの取り次ぎなどいろんなものを始めた結果、リソースが分散して業績が悪くなってしまった。なぜ事業領域を拡大したかというと、これは日本も同じなんですが、靴修理のマーケットというのは縮小傾向にあるんです。それを補うために新しいビジネスに手を出したけれど、それがことごとくうまくいかなかったようです。

北尾　靴修理のマーケットは小さくなっているんですか。確かに男性はあまり靴を直さないかもしれないけれど、女性はよく利用しているじゃないですか。僕の家内も、ミスターミニットではないかもしれないけれど、よく修理に出していますよ。

中西　一つには靴の価格が下がっていることです。中国から安い靴が入ってきていますから。そうなると修理をするより買い替えたほうがいいとなってしまう。それと最近ではコンフォートシューズといった歩きやすい靴がはやっています。こうした靴は靴底が一体だから修理ができません。だから徐々に減ってきているんですね。とはいえ日本の女性はハイヒールやパンプスを好んでお履きになりますから、まだいいほうだと思います。

北尾　もう一つの柱である合鍵についてはどうですか。

中西　複製機メーカーの話だと、毎年大きく落ちているといいますね。というのも、ホームキーそのものがセキュリティの必要上、どんどん複雑化しているため、そう簡単には複製ができなくなっています。あるいはＩＣカードキーなど多様化も進んでいるため、従来の鍵の需要は落ちてきています。ですから昔は合鍵屋というのはどこにもあったけれど、いまは本当に少なくなりました。おかげでわれわれは残存利益を得ることができています。

北尾　私が投資する時に判断材料とするのは、まず、その業界が成長するかどうかです。ところがミスターミニットの場合、靴の修理も合鍵も市場が縮小している。その中で経営の舵取りをするのは大変ですね。

中西　ですから、いろんなことにチャレンジしています。たとえば合鍵なら、付加価値をつけていく。どうするかというと、ヘッド部分にデザインロゴをアタッチメントすることでオリジナルな鍵ができるんです。北海道では日本ハムファイターズのロゴをつけて売り出したのですが、非常に好調で、いまでは東京でも販売していますし、先日には、有名装飾品メーカーと提携しましたから、それを使った鍵を売り出す予定です。こうしたことをやることで売り上げはまだまだ伸ばせます。

家庭の靴箱にリーチ

北尾　それは靴修理でも同じことですね。

中西　ええ。靴修理もいままでと同じようなことをやっていたのでは売り上げは伸びませんから、新しいことをやっていかなければなりません。といっても、何にでも手を出しておかしくなったヨーロッパのようになってしまわないよう、それを教訓として、新しいものを始めるにしても既存のビジネスを元に、そこから伸ばしていくようにしています。

昨年から、私たちがリボーテと呼んでいる、靴と鞄のクリーニングサービスを始めました。これは、クリーニングするだけでなく傷を修復し、その上にリカラリングすることで、靴も鞄も新品同様になります。いまのところお客さまからのご注文も増えているし、BtoBのビジネスにもなると考えています。お客様が商品を買った店に頼む場合は多いと思いますが、それを引き取って私たちが代わって作業を行う。そういうことをやっています。

新しいということでは、現在国内三店舗で実験的に始めたのが、時計の電池交換、バンド交換のサービスです。これは新規のサービスですが、すでにオーストラリアで実績を上げています。日本の場合、売り上げに対する靴修理の比率が七〇％ぐらいなのですが、オーストラリアでは三〇％ほどしかありません。その代わりに、時計関連が二〇％近くもある。このベストプラクティスを日本に持ってきたのです。幸い大した宣伝もしていないのに、お客様に利用していただいています。

北尾　腕時計の電池交換というのは自分では絶対できませんからね。しかもお店に持っていっても交換するのに時間がかかる。

中西　腕時計には三種類あって、一つは簡単に裏蓋をはずすことができるもの。二番目はブランド時計などに多いのですが、スクリューバック式になっていて、少し特殊な道具がないと開けることができないもの。そして残る一つは、ダイバーズウォッチのように気密性のきわめて高いもの。これはそう簡単には開きません。われわれのところではたいがいの時計の電池交換ができますが、特殊なものはセイコーサービスセンターさんと提携しているので、そこへ送ってやってもらいます。

そういう仕組みをすでにつくりあげました。

北尾　いままでおっしゃったことはみな店頭でのサービスですね。インターネットを使ったサービスは手掛けられないんですか。

中西　いままでにもやっていたんですが、新たなピック&デリバリーシステムを構築しようと考えています。インターネットで注文していただければ、お客様のところに引き取りにうかがい、修理してお返しします。詳細については間もなくリリースできると思いますが、物流と修理を一体化することで、最短二日、長くて一週間で届けることが可能です。これを間もなく始めます。

なぜこういうことをやるかというと、家庭の靴箱にどうやってリーチするかというのが長年の課題だからです。アンケート調査を行うと、七割の人は、靴修理を頼んだことがないか、あるいは三年以上利用していないという結果が出てきます。われわれは残り三割のリピーターによって成り立っているんです。

北尾　ということは、この七割を掘り起こすことができたら、マーケットの縮小は関係なくなりますね。

中西　そうなんです。だからこそ、家庭の靴箱にリーチする必要がある。日本の女性は、平均すると二〇足を超える靴を所有しています。多い人だと八〇足にもなるというアンケートもある。そしてそのほとんどが靴箱に眠っています。中には修理さえすれば履ける靴もたくさんある。ここにどうリーチできるか。ずっと検討を続けてきました。

インターネットでの受け付けはかなり前からやっています。だけどあまりうまくいかなかった。そこで発注自体を大幅に簡素化しました。これまでは注文シートを当社のホームページからダウンロードしなければならないなど、使い勝手が悪かったので、これを刷新して3クリックで注文できるように改善しました。ただし何でもやるのではなくてソールとヒール、あとバリューセットの三つだけに絞り込んでいます。もっと複雑な作業が必要なものはお店にもってきてもらう。その使い分けを案内していこうと考えています。

北尾　それを一歩進めて、家庭にある靴や鞄を引き取って、きれいにしたうえでリサイクルするというビジネスは考えられないですか。僕の家にも、履いてなかったり、履いてもほんの少しだけだったという靴がたくさんある。ヨーロッパにいる時代に買ったものだから、けっこういい靴です。だけどいまはもう履かなくなってしまっています。たぶん多くの家にもそういう靴がたくさんあるはずです。ビジネスになりませんか。

中西　実は、そういうアイデアがリサイクルショップから持ち込まれています。それをやるとなると、ブランド物の場合、真贋の問題なども出てきますから、いくつか解決しなければならないこともありますが、アイデアとしては面白い。そこでいま、実現できるかどうか社内で揉んでいるところです。

北尾　男性の場合、「足元を見る」とよく言います。どんな靴を履いているかが評価の対象になることもあります。だけど、ヨーロッパなどの一流メーカーの靴は一〇万円以上するから、若い人には手が出ない。それがリサイクルで数万円で買えるなら、需要はけっこうあると思います。

そういうふうに考えていくと、やりようによってはマーケットがまだまだ広がりそうですね。

中西　そう思います。私は一昨年の七月に社長に就任しましたが、それまでは靴の修理というのは保守的で、変化の少ないビジネスでした。あまりチャレンジングなことはやってこなかった。それでいま、会社をかき回しているところです。でも新しいことをやり始めたおかげで社員の目が輝いてきたように思います。

それと、成長するために忘れてはならないのが海外展開です。

北京、上海で大量出店

北尾　いま海外で展開しているのは、オーストラリアとニュージーランド、シンガポール、マレーシアですか。

中西　ええ。それと去年、中国に進出しました。

北尾　海外進出にあたっての基準のようなものはあるんですか。

中西　やはり所得の問題ですね。個人の年収が一〇〇万円前後というのを一つの目安としています。ミスターミニットが日本に上陸した一九七二年当時の日本のGDPは七〇兆円でしたから、一人あたりで七〇万円です。そのくらいの経済規模になったら進出する。それより後に入ったのではシェアを取るのに苦労する。だから一〇〇万円ぐらいがちょうどいい。

北尾　中国の一人当たりの所得はまだそこまでいってませんね。

中西　ええ。だけど、アッパーの人たちの所得は日本人以上ですし、ボリュームの大きい中間層もその水準に近づいている。だからこれからは中国、特に北京と上海で徹底的にドミナント出店しようと考えています。

中国進出に際しては、少しほかの国とやり方を変えました。というのも、中国のマーケットを考えると、時間をかけるのは得策ではないと考え、台湾の会社がすでに展開している店舗を買い取ることにしました。この台湾の会社はもともとミスターミニットの仲間だったんですが独立しています。そして中国に出たけれど、どうも拡大のスピードが遅い。それでこちらから話を持ちかけて、既存の二店舗を買収しました。オペレーター（店員）もそのまま継続して採用しています。

買収した理由はもう一つあって、彼らが北京で持っていた店が新光天地という、私が北京で出すならここだと考えるハイエンドな百貨店です。当社は出店に際しては、「一丁目一番地戦略」という考えでやっています。とにかくその近辺で一番いい場所に出店する。日本に出た時も、一号店は日本橋の三越と髙島屋でした。北京の場合なら新光天地です。だから、なんとしても買収したかった。

幸い事業は順調で、昨年三月に買収し、八月に名前をミスターミニットに変更しましたが、この一月一日にオープンした店ですでに六店舗になりました。これを五年のうちに二〇〇店まで拡大する計画です。

カニバリを恐れるな

北尾　北京と上海だと家賃も高いでしょう。しかもドミナントの場合、カニバリゼーションを起こす可能性もあるんじゃないですか。

中西　ドミナント出店というのは日本も同じなんですよ。日本全国に二八〇店舗ありますが、そのうち一〇〇店舗が首都圏およびその近郊です。あとは関西に四〇~五〇店舗です。当然カニバリも起きます。だけど私はそれでもいいと社内で言っています。カニバリが起きてもその地域でシェアを取る。それに労働集約型産業という性格上、いくつかの店が集中することで、交代とか休みといったオペレーターのやりくりが非常に効率よくなる。人件費を抑えることができるようになります。

中国事業の利益率は、現段階では日本より低くなっています。というのも、店がまだ少ないですから、一つの店に四、五人を固定させておかなくてはいけません。店同士の融通がきかないわけです。

でも店がどんどん増えていけば、効率的に人員を配置できる。そうすれば利益率も上がってきます。ですから中国の場合、まずは北京、上海です。上位二〇都市ぐらいをピックアップして市場調査も終えていますが、まずはこの二都市でプレゼンスを上げていく。他の都市はそれからです。

北尾　ほかの国はどうですか。シンガポールなんか、よさそうですね。

中西　ええ、シンガポールは政府の景気刺激策もあって、既存店も客単価も伸びていました。ところがここにきてシンガポール経済に連動して少し減速気味です。むしろ最近ではマレーシアがいいですね。

それにしても最近思うのは、ここにきてようやく、アジア・パシフィックという社名にふさわしくなってきたということです。

先ほど言ったように、オーストラリアで成功したビジネスを日本で展開するというのもそうですし、中国進出にあたって役に立ったのが、ニュージーランドの社員でした。中国籍ですが、ニュージーランドで入社してからすでに三年がたっています。もちろん中国語は話せるし、当社の考え方もよくわかっている。そこでこの社員を中国に派遣して、中国事業の立ち上げを手伝ってもらいました。これこそ多国籍で展開している会社の強みです。これからは、こうした事例がどんどん増えてくると期待しています。

北尾吉孝（きたお・よしたか）

1951年、兵庫県生まれ。74年慶應義塾大学経済学部卒業。同年、野村證券入社。78年、英国ケンブリッジ大学経済学部卒業。89年、ワッサースタイン・ペレラ・インターナショナル社（ロンドン）常務取締役。91年、野村企業情報取締役。92年、野村證券事業法人三部長。95年、孫正義氏の招請によりソフトバンク入社、常務取締役に就任。現在、投資、金融サービスなどの事業を幅広く展開するインターネット総合金融グループ、SBIホールディングス代表取締役執行役員CEO。一方で公益財団法人SBI子ども希望財団理事およびSBI大学院大学では学長も務める。

主な著書に『森信三に学ぶ人間力』『君子を目指せ小人になるな』『何のために働くのか』『安岡正篤ノート』（以上、致知出版社）、『中国からもらった「不思議な力」』（三笠書房）、『起業の教科書』『進化し続ける経営』『「価値創造」の経営』『Eファイナンスの挑戦Ⅰ』『Eファイナンスの挑戦Ⅱ』（以上、東洋経済新報社）、『日本人の底力』『人物をつくる』『不変の経営・成長の経営』（以上、PHP研究所）、『逆境を生き抜く名経営者、先哲の箴言』（朝日新聞出版）、『時局を洞察する』『窮すればすなわち変ず』『活眼を開く』『時務を識る』（以上、経済界）等々。

北尾吉孝の経営問答！

平成24年3月29日　第1版　第1刷発行

著　者／北尾吉孝

発行人／山内　豊

発行所／株式会社 経営塾

〒107-0052 東京都港区赤坂 1-6-14 赤坂協和ビル　TEL 03-5545-5961（代表）

発売所／株式会社 廣済堂出版

〒104-0061 東京都中央区銀座3-7-6　TEL 03-6703-0962（販売）

印　刷／株式会社 廣済堂

ISBN978-4-331-51618-8　C0034

Printed in Japan

◎定価はカバーに表示してあります。

落丁・乱丁本はお取替えいたします。